Azazel:

Crónica de un destierro

Azazel: Crónica de un destierro

Por

José Luna

Disciples of The Word Ministries

AZAZEL: Crónica de un destierro
Por José Luna

ISBN: 9781080768677

Diseño de cubierta y arte: Alonso Martinez

Publicado por José R. Luna

Impreso en Los Estados Unidos de América

Disciples of The Word Ministries

P.O. Box 182, Nashua NH, 03060.-

1-603-554-6888 tzaddik7@gmail.com

www.disciplesoftheword.org

Para las futuras generaciones.

Que podamos contar a todos fielmente de lo que Jesús ha hecho por
nosotros.

Mat. 28:18-19.

Tabla de Contenido

Introducción

Muy pocos entienden lo que me ocurrió en la cruz. No es de esperar. Es muy difícil siquiera imaginar a Dios hecho hombre, mucho menos muriendo, como hombre a manos de los hombres. El pecado trajo nuevos elementos a mi conocimiento. Me permitió aprender de forma experiencial lo que ya sabía de manera conceptual.

No solo estoy lleno de amor, sino que el amor y yo somos uno: indivisibles, inseparables, ingobernables. Soy el amor personificado con envoltura de piel humana. Fue un experimento único, maravilloso, trascendente. Nunca había experimentado algo así en la eternidad pasada y no lo experimentaré jamás en la eternidad futura.

Entre otras cosas, aprendí a obedecer, a someterme a la voluntad de otro. Aprendí a morir. Lo experimenté, *"lo viví"*. ¿Cómo explicar eso a individuos con mentes finitas que no tienen ni la menor idea de lo que significa ser ciento por ciento Dios y ciento por ciento hombre?
Imposible!
Inverosímil!
Increíble!

Les dejé ilustraciones sobre éste concepto a través de la nación de Israel. Compartí con ellos la parábola más detallada, más exacta y fidedigna que podían entender. Les dí un santuario con estipulaciones y regulaciones precisas y cabales para que tuviesen una somera idea de la realidad de la muerte vicaria, la culpa, la restitución y el perdón.

Aún así, algunos todavía no entienden; siguen atribuyendo a Satanás mis buenas obras, mientras que al mismo tiempo me culpan a mí de su malos actos. Qué bueno que soy Dios y que soy amor; pues todo lo sufro, todo lo espero y todo lo soporto.

Sin embargo, no importa. Mi amor por todos ustedes siempre ha sido y será indeleble, perenne, eterno e insondable. Y es por eso que quisiera explicarles un poco más, basado en la gran parábola que le dí a los israelitas en el desierto. La parábola del santuario.

Cuando Me Hice Humano

Fue un experimento único y singular. Lo planifiqué mucho antes de crear alguna criatura angélica o celestial. De hecho, sabía que comenzar a crear seres inteligentes conllevaba un gran riesgo. Pero como soy el amor en persona, no puedo ir en contra de mi naturaleza. Es decir, debía tomar el riesgo que alguna de mis criaturas le diría "*no*" a mi amor; le diría "*no*" a la vida, y le diría "*no*" a la eternidad.

Así que mucho antes de siquiera pensar en crear a algún ser humano, decidí que un día me haría como uno de ellos cuando éste fracasara. A pesar de ser Dios trascendente, me convertiría en el único Dios condescendiente. Tomaría la forma humana; viviría como humano y al final moriría como tal para lograr varios objetivos:

1. Limpiar mi nombre de todas las falsas acusaciones hechas por Lucifer, el primer ser que le dijo "*no*" a mi gobierno.

2. Salvar a la raza humana de una separación eterna conmigo.

3. Incorporar a mi conocimiento infinito la experiencia de aprender lo que significa estar bajo la maldición del pecado (sufrir, llorar, tener hambre, morir).

4. Demostrar en todas las galaxias que sin mí, no hay vida. Pues separados de mí, nada podéis hacer.

Cuando me hice humano tuve sentimientos que nunca antes había experimentado sentimientos como: tristeza, soledad, frustración, enojo, hambre, muerte. Por ejemplo, un día, justo después de haber caminado unas cincuenta y nueve (59) millas para bautizarme en el río Jordán (aunque no necesitaba bautismo), permití que el Espíritu Santo (mi otro yo) me llevara adonde él quisiera. Y de hecho, me llevó a un lugar del cual no tenía ni la menor idea. Me llevó al desierto con un solo propósito: ser tentado por el diablo. Sin embargo, en el proceso, varias objetivos fueron alcanzados:

- Probar al universo de que realmente me había hecho humano y no estaba actuando como Dios.

- Experimentar lo que significa ser guiado y dirigido por otros, cuando por toda la eternidad he estado dirigiendo los asuntos del universo.

- Aprender que se puede vencer al diablo si nos sometemos a la luz del Espíritu Santo y permitimos que él nos guíe.

- Establecer claramente en mi mente, la importancia de tener la Palabra del Padre bien atesorada en el corazón para no pecar contra él.

En más de una ocasión, me alegró mucho ver la reacción de la gente a mi predicación sobre el amor del Padre. Pareciera que no fue verdad, pero me maravillé de ver a un centurión romano tener tanta fe en mí de que podía sanar a su siervo (Mat. 8:5-12). Él incluso, solo me pidió que dijera la palabra. Él tenía fe que sería hecho conforme a lo que yo dijera. Reconoció mi autoridad sobre la enfermedad y sobre la muerte. Y sí, me maravillé. Nunca lo había hecho con un ser humano falible, desconocedor de Dios. Me maravillé tanto que llegué a exclamar: "*...Ni aún en Israel he hallado tanta fe*" (Mat. 8:10). Fue extremadamente espectacular vivir esa experiencia. Me motivó. Me ayudó a tener más confianza en lo que estaba haciendo.

Cuando me hice humano algunas veces me sentí frustrado. De hecho, tuve que decirle a un Escriba que deseaba seguirme, *"Las zorras tienen guaridas, y las aves del cielo tienen sus nidos; mas el Hijo del hombre no tiene dónde recostar la cabeza"* (Mat. 8:20). era difícil vivir una vida sin tener ninguna posesión y al mismo tiempo ser dueño de todo. Era una tentación constante. Imagínense, tener que depender de la caridad de otros.

Así que, a menudo, los profetas que hablaron antes y después de mí, siempre lo hicieron haciendo una co-relación entre lo que habían escrito otros profetas antes y lo que yo estaba experimentando. Por esa razón, mis apóstoles que escribieron evangelios narrando acerca de mi vida y mis enseñanzas, lo hicieron siempre citando a los otros profetas que habían hablado de mí.

Uno de ellos, fue Juan el Bautista, mi primo. Sí, así mismo como lo oiste. Mi primo Juan vivió una vida muy difícil. Alejado de los amigos del pueblo, siempre estudiando la Biblia y memorizándola. Aunque debió haber sido un sacerdote como mi tío Zacarías, mi Padre lo eligió para que fuera profeta y me ayudara predicando a la gente de mi venida a esta tierra.

Mi primo Juan duró treinta años de preparación para una obra de predicación que apenas duró seis meses. Y al final, teminó decapitado por el rey Herodes. Me sentí tan mal que hasta tenía ganas de vomitar. No quise ir a ver el cuerpo sin cabeza de mi primo.

Él (Juan) me identificó como *"el Cordero de Dios que quita el pecado del mundo"* (Juan 1:29). Y de hecho, así es. Ese fue uno de los propósitos de mi nacimiento: *"quitar el pecado del mundo"*. Pero tenía que hacerlo como un Cordero. La imagen de un corderito quitando el pecado del mundo, parece intransigente, inconcebible e imposible.

El pecado había mancillado cada cosa que había tocado. Pero mi Padre le mandó a que usara esa imagen: *"cordero"* para que todos entráramos en la realidad que el Padre quiere que vivamos.

La imagen de un corderito aplicada a mi persona era única. Representaba los conceptos de humildad, entrega, silencio y muerte expiatoria de un animal inocente por un penitente totalmente culpable.

Mi primo tomó la idea de un antiguo profeta llamado Isaías; y éste a su vez, tomó la idea de otro gran profeta llamado Moisés, quien en turno la recibió directamente de mi Padre. Un cordero sin defecto debía ser ofrecido todos los días en la mañana y uno en la tarde.

Y cuando mi primo Juan me vió, les dijo a todos que yo era *"el Cordero de Dios"*; se quedaron boquiabiertos, no solamente porque me vieron a mí, sino por la declaración misma de mi primo. Al decir *"Cordero de Dios"*, mi primo estaba queriendo decir que mi Padre, a través de mí, ofrecería un sacrificio que quitaría el pecado del mundo.

De modo que, cuando resucité de entre los muertos, mi Padre me dio toda la autoridad en el cielo y en la tierra, pero yo conservaría mi cuerpo humano como un recordativo eterno de lo que nos costó lidiar con el problema del mal.

El mismo día que resucité, le aparecí a dos discípulos que iban para una aldea llamada Emáus. Iban cabizbajos, con ojos llorosos, tristes y melancólicos. Estaban tan ensimismados en su propios pensamientos y en su profunda tristeza, que cuando les pregunté *"¿por qué estáis tristes?"*, nisiquiera me reconocieron y hasta me llamaron *"forastero"* (Luc. 24:17-18).

Allí mismo pude revelarme a ellos, pero no lo hice. Quería enseñarles otra lección más. Sencillamente les pregunté de qué *"cosas"* estaban hablando antes de encontrarse conmigo. Y como buenos discípulos, comenzaron a contarme de lo que me habían hecho los dirigentes del pueblo en conjunto con las autoridades romanas. Me contaron como me escupieron, se burlaron, me azotaron, me acusaron falsamente, eligiendo a un ladrón y asesino para que fuese liberado; mientras que a mí, me crucificaron.

Mis discípulos también me contaron como habían perdido las esperanzas (Luc. 24:21). Y aunque estaban atónitos y confundidos, me dijeron que las mujeres habían dicho que yo había resucitado. Me alegró muchísimo saber que María Magdalena había cumplido el encargo que le dí en esa gloriosa mañana de domingo de resurrección.

Mis dos discípulos no tenían ni la menor idea idea de lo que estaba ocurriendo nisiquiera del significado de lo que había pasado. A veces la gente lee y lee la Biblia, pero no entiende. Así que yo, en lugar de decirles: *"Yo soy Jesús, he resucitado"*, me limité a algo que es el fundamento para poder entender qué pasó cuando me hice humano. Les dí un estudio bíblico comenzando por Moisés y continuando por los profetas, enseñándoles todas las cosas que la Biblia habla de mí (Luc. 24:27-28).

¡Cuánto me habría gustado que hubieras estado allí con nosotros! Los ojos de mis dos discípulos casi se les salían de sus cuencas faciales. Incluso, aunque ya era tarde, me invitaron a que compartiera más con ellos. ¿Cómo podía decirles que no, si la conversación conmigo era el único rayo de esperanza que habían recibido en los últimos días?

Me quedé a cenar con ellos. Cuando me pasaron el pan y lo partí (pues ya saben que no usamos cuchillos para partir el pan -símbolo de la guerra-, sino que usamos nuestras manos -símbolo de confraternidad), allí vieron las marcas de los clavos en mis manos y me reconocieron. *"Les fueron abiertos los ojos"* (Luc. 24:31) y tuve que desaparecerme enfrente de ellos (v.31b).

Ellos se quedaron embelesados y llenos de esperanza, pero ese día les dí una gran lección a ellos, y a ustedes ahora. Primero, los milagros comienzan después que hayan aprendido de mí en las Escrituras. En otras palabras, a menudo los guiaré a la Biblia primero, antes de obrar de manera sobrenatural en sus vidas. Segundo, si quieren aprender más de mí, sería bueno que empezaran con la Biblia. Y de hecho, eso es lo que haré en los próximos capítulos. Compartiré más con ustedes acerca de mí, empezando con lo que la Biblia enseña.

Razonamiento Lineal

Quiero recordarles que todo, absolutamente todo lo que ocurría en el santuario era una representación de mi obra salvífica por la humanidad. El sistema de sacrificios era una *"parábola para el tiempo presente"* (Heb. 9:9) para sintonizar sus mentes con el gran sacrificio que llevé a cabo en la cruz (Gal. 3:24).

Sin embargo, hay un peligro mortal cuando algunos quieran hacerles creer que la sombra debe corresponder exactamente con la realidad, lo cual es un adefesio (en mi humilde opinión), pues no hay forma de ilustrar exactamente lo perfecto con algo imperfecto manejado e interpretado por imperfectos.

Por ejemplo, algunos intentan hacer que la secuencia del ritual de Levíticos 16 se ajuste exactamente al momento del ministerio, muerte y resurrección. Y me entristece en gran manera la falta de entendimiento de mis profesos discípulos en relación a quién y qué hace Azazel.

Quiero que analicen conmigo la premisa fundamental de esta falacia y aberración: en Levíticos 16, el chivo para Jehová es sacrificado para hacer expiación (cumplir con el ritual de la ley), y es entendido como un sacrificio que tipificaba mi muerte. Después que morí, fuí sepultado, resucité (1 Cor. 15:1-4) y ascendí al cielo para asumir el papel de Sumo Sacerdote (Heb. 4:14).

Por otro lado, muchos todavía no comprenden la función del segundo chivo (por Azazel). Este segundo chivo no moría y tipificaba la otra fase de lidiar con el problema del pecado. Permítanme explicarles mejor, pues muchos todavía están bebiendo leche, cuando en realidad deberían ser maestros duchos en estas enseñanzas (Heb. 5:12-14):

Para lidiar con el pecado y condenarlo en la carne (Rom. 8:3), yo debía hacer dos cosas con él:

1. Cumplir la expiación ritual al derramar la sangre para ofrecer el perdón (chivo por Jehová).
2. Llevar el pecado sobre mí para **alejarlo** y llevarlo al más allá (chivo por Azazel), haciendo la expiación moral. Hablaré más en detalles sobre estos dos conceptos más adelante.

El problema es que muchos se han quedado con la idea de que solamente el derramamiento de mi sangre era necesario para cumplir el ritual. Sin embargo, derramar la sangre no era suficiente, también tenía que ALEJAR el pecado y sacarlo fuera del entorno de la vida, llevándolo sobre mí mismo (1 Ped. 2:24).

La falta de comprensión de la función del segundo chivo (Azazel), ha llevado a muchos a la conclusión de que ese chivo representa al diablo. Sin embargo, si Azazel es el diablo y no yo, entonces Satanás es co-redentor conmigo y co-salvador de la humanidad, y mi gloria no puedo compartirla con mi enemigo.

Esa línea de razonamiento es totalmente distorsionada. Y entiendo perfectamente porqué se hace la extrapolación de conceptos a una escatología final de pago de la culpa, pero la misma es inadecuada e inadmisible.

Algo para pensar

A pesar de que todo el sistema de sacrificios apuntaba a mi nacimiento, obra, muerte y resurrección mientras estuve en la tierra. También incluye la función que realizo en el cielo en este momento. Lo que muchos no entienden es que el orden en que se cumplieron las cosas no necesariamente coincidió con la simbología dada a Israel.

Es innecesario equiparar la línea de tiempo de la realidad con la sombra, el tipo. Permítanme compartir un breve ejemplo para verificar si dicho razonamiento de algunos buenos discípulos míos es válido. Tomaré como ejemplo las instrucciones divinas con respecto a la consagración del sacerdocio aarónico.

Análisis

En Éxodo 29, mi Padre le dió una orden específica a Moisés. Dicha orden incluía llevar a cabo los diversos sacrificios para dedicar a los sacerdotes.

1. Primero se realizaba la *"ofrenda por el pecado"* y se reconocía el pecado y se hacía expiación simbólica por el mismo.

2. Luego se presentaba la *"ofrenda quemada"*, que representa una vida dada en servicio completo a Dios (diferente de una vida sacrificada en pago por el pecado).

3. Luego, era ofrecido junto con el holocausto, una *"ofrenda de grano"*; la cual, de manera similar, representaba una vida establecida sobre la base de completa devoción al prójimo.

Esto es un ejemplo somero de lo que dice Exodo 29, y el orden de estos elementos enseña que el penitente no podía acercarse a Dios sin que antes yo hubiese realizado el pago por el pecado (ofrenda por el pecado).

La prioridad de ustedes como creyentes, después de yo haberlos perdonado o justificado, es la devoción incondicional a Dios (ofrenda quemada).

Solo después de eso, ustedes podrán amar verdaderamente a su prójimo y dedicarse por completo a Dios (ofrenda de grano) en servicio al prójimo (ofrenda quemada). Repasemos. En el ritual ocurría lo siguiente:

1. Se pagaba el pecado y luego se acercaban a Dios (ofrenda por el pecado).
2. Se dedicaba la vida a Dios incondicionalmente (ofrenda quemada).
3. Solo entonces alguien podía dedicarse al prójimo sin condiciones, hasta el punto de dar la vida por él (ofrenda de grano).

Cómo ocurrió en la realidad

Sin embargo, en la realidad (lo que ocurrió conmigo mismo fue diferente), todo esto viene en un orden totalmente diferente y distinto. Veamos:

1. Fuí dedicado a Dios desde el vientre (ofrenda de grano).
2. Yo los amé a ustedes incondicionalmente, hasta el punto que entregué mi vida por ustedes (ofrenda quemada).
3. Luego pagué por el pecado y entonces me regresé adonde Dios después de haber efectuado el pago por los pecados (ofrenda por el pecado).

Entonces, si observan cuidadosamente, verán que la secuencia real en la que yo cumplí todas estas cosas no fue idéntica a la secuencia dada a Israel en Éxodo 29. Sin embargo, aunque la secuencia fue distinta en la sombra o en el tipo, yo cumplí la esencia de la ofrenda, espiritualmente hablando, la cual fue aceptada por el Padre. En otras palabras, en la realidad, el orden de dicho ritual está exactamente invertido u opuesto.

Paralelos

Ritual	Realidad
Primero debía ser ungido como sumo sacerdote para poder entrar al santísimo.	Yo oficiaba oficiaba como sacerdote del hombre desde la caída en Edén (1 Cron. 8; Isa. 6).
Se daba muerte a un chivo para expiación (en el ritual).	Morí como un Cordero y no como un chivo.
El sumo sacerdote le daba muerte al chivo.	Tus pecados fueron los que ocasionaron mi muerte.
Cuando el chivo moría quedaba muerto para siempre.	Cuando morí, regresé de entre los muertos y vivo para siempre.

Y no, Azazel nunca pudo, puede ni podrá representar a Satanás de ninguna forma que ustedes quieran verlo y les mostraré el porqué. Pero antes de eso, quiero que entendamos bien el concepto del santuario terrenal versus el santuario celestial, lo cual haremos en los próximos capítulos.

Preguntas para meditar

1. ¿Cómo le llamé a la obra del santuario en Hebreos 9:9?

2. ¿Cuántos chivos se usaban en el ritual de Levíticos 16?

3. ¿Qué representaba cada chivo?

4. ¿Cuáles son las dos fases para lidiar con el pecado?

5. ¿Qué significaba la "*ofrenda quemada*"?

6. ¿Qué significaba la "*ofrenda de grano*"?

7. ¿Qué significaba la "*ofrenda por el pecado*"?

8. ¿Cuál es la dificultad que existe en querer ajustar la secuencia exacta de la sombra o tipo con la realidad?

El Santuario Celestial

Entiendo que es difícil para algunos creyentes aceptar mis palabras en la manera como el Espíritu Santo las reveló a mis siervos los profetas. A menudo, hay mucha desinformación en relación a cuándo comenzó a funcionar el santuario celestial. Una gran cantidad de eruditos cree que dicho santuario empezó sus funciones después de mi ascensión al cielo como Sumo sacerdote (hablaremos de eso más adelante).

Sin embargo, un sinnúmero de mis seguidores no tienen un entendimiento correcto ni adecuado del santuario celestial y su función, y cuando leen a los profetas bíblicos, por alguna razón distorsionan el sentido del texto.

Pienso que muchos han llegado a tener una teología terrícola y antropocéntrica del santuario celestial. Es decir, algunos creen que el santuario celestial gira alrededor del terrenal y que lo que ocurre en el terrenal, funcional y estructuralmente, también ocurre en el celestial. Esa es una visión muy, pero muy estrecha de la realidad. Piensen por un momento: por ejemplo, si la correspondencia entre el santuario terrenal y el celestial es estructuralmente idéntica, entonces el techo del santuario celestial está cubierto de pieles de animales. Y obviamente, eso es imposible, pues no existe la muerte en el cielo.

Pero si ustedes observan con más cuidado, se darán cuenta en las Escrituras que incluso el santuario terrenal mejoraba cada vez que era reconstruído.

El santuario terrenal comenzó como una tiendita de campaña, luego una tienda-santuario, luego un templo santuario y luego la reconstrucción del mismo con más esplendor. El celestial no es de hechura humana (Heb. 8:2), pues el Arquitecto y Fundador es mi Padre (Heb. 11:10).

¿Existía el santuario en el cielo antes de que existiera en la tierra?

1. Es obvio que de acuerdo al texto bíblico, el santuario terrenal fue hecho de acuerdo al *"modelo celestial"*, lo cual implica claramente que había un santuario en el cielo.

2. El verdadero santuario, el celestial, existió mucho antes de que se construyera la sombra. Heb. 8:5, y Ex. 25:40.

   a. *"El Señor está en su santo templo"* (Hab. 2:20).

   b. *"El trono del Señor está en el cielo"* Salmo 11: 4.

   c. *"Se sienta entre los querubines"* (Salm. 80:1; 99:1; Isa. 37:16).

   d. *"Porque desde lo alto de su santuario miró, desde el cielo vio Jehová la tierra"* (Isa. 37:16).

3. La Biblia es muy clara cuando nos señala que el trono de Dios está en el *"santuario"*. Sin embargo, animo a mis discípulos a que prueben con la Biblia sola si dichas aseveraciones son ciertas.

¿Cómo Percibió Salomón El Templo De Dios?

1. *¿Pero habitará Dios en la tierra? He aquí que el cielo y el cielo de los cielos no pueden contenerte, y mucho menos esta casa que he edificado"*. (1 Reyes 8:27).

- Obviamente el rey Salomón tenía bien claro que el gran templo que había construído para mí era una mera representación del santuario celestial. Y él entendía claramente que las oraciones no eran contestadas desde el santuario terrenal sino desde el santuario celestial.

2. *"Oye, pues, la oración de tu siervo, y de tu pueblo Israel; cuando oren en este lugar, también TÚ LO OIRÁS EN EL LUGAR DE TU MORADA, EN LOS CIELOS; escucha y perdona"* (1 Reyes 8:30).

3. *"Si mi pueblo se humillare, orará y buscará mi rostro y se apartará de sus malos caminos, ENTONCES OIRÉ DEL CIELO Y PERDONARÉ SU PECADO"*. II Crón. 7:14.

   - De acuerdo al hombre más sabio de la tierra, el santuario celestial NO estuvo cerrado por 4 milenios, pues es obvio que él instruye a la gente a orar a Dios al verdadero santuario, el celestial.
   - Dicho sea de paso, este pedido él me lo hizo ocho (8) veces en su oración de dedicación.

¿Por qué el énfasis de Salomón en repetir ocho (8) veces que Dios escucha y perdona desde el santuario celestial?

1. Como les dije anteriormente, para estudiar sobre mi obra y entender lo que ocurrió en la cruz, deben estudiar la Biblia comenzando con Moisés y los profetas. También les mencioné que el santuario terrenal y sus servicios eran una PARÁBOLA.

   a. *"Lo cual es símbolo [PARABOLE] para el tiempo presente, según el cual se presentan ofrendas y sacrificios que no pueden hacer perfecto, en cuanto a la conciencia, al que practica ese culto"* (Heb. 9:9).

    b. El término PARABOLE conlleva la idea en el griego de *"cuquear"* [retozar], *"jugar"* con la mente.

2. Cuando Dios perdona el pecado a los humanos, lo hace siempre desde el santuario celestial.

¿Si esto es así, tenía entonces Moisés la misma idea que Salomón de que el santuario verdadero era el celestial y que el terrenal era solo una ilustración?

Cuando el pueblo traía la ofrenda de las *"Primicias"*, mi Padre Dios, a través de Moisés, le recordó al pueblo que las bendiciones divinas fluían desde el santuario celestial, desde su morada.

    a. *"Mira desde TU MORADA SANTA, DESDE EL CIELO, y bendice a tu pueblo Israel, y a la tierra que nos has dado, como juraste a nuestros padres, tierra que fluye leche y miel"* (Deut. 26:15).

2. Esta es la fecha todavía en el siglo 21, que muchos todavía siguen creyendo que el perdón para el pueblo Israelita era otorgado a través del santuario terrenal y que las bendiciones fluían a través de la Shekinah (la luz que representaba mi presencia divina en el Lugar Santísimo) en el santuario terrenal.

3. El perdón y las bendiciones NUNCA fueron concedidos desde la tiendita en el desierto y ningún hombre tenía el poder de absolver de pecados a otro hombre. Nunca ha sido y nunca será así. La capacidad de perdonar y alejar pecados del hombre es una prerrogativa que me pertenece sólo a mí.

De hecho, la gran mayoría de los escritores bíblicos estaban bastantes claros con respecto a este asunto del santuario.

a. *"JEHOVÁ ESTÁ EN SU SANTO TEMPLO; Jehová tiene en el cielo su trono; Sus ojos ven, sus párpados examinan a los hijos de los hombres"* (Salm. 11:4).

b. *"En mi angustia invoqué a Jehová, Y clamé a mi Dios. El oyó mi voz DESDE SU TEMPLO, Y mi clamor llegó delante de él, a sus oídos"* (Sal. 18:6).

c. *"Voz de alboroto de la ciudad, VOZ DEL TEMPLO, voz de Jehová que da el pago a sus enemigos"* (Isa. 66:6).

d. *"Cuando mi alma desfallecía en mí, me acordé de Jehová, Y mi oración LLEGÓ HASTA TI EN TU SANTO TEMPLO"* (Jonás 2:7).

e. *"Oíd, pueblos todos; está atenta, tierra, y cuanto hay en ti; y Jehová el Señor, EL SEÑOR DESDE SU SANTO TEMPLO, sea testigo contra vosotros"* (Miq. 1:7).

En fin, mis queridos, la obra del santuario terrenal era para ilustrar mi obra; para ejemplificar cómo yo lidiaba y cómo estoy lidiando hoy con el problema del pecado. Tus pecados, y los de todo el mundo, fueron clavados y perdonados en la cruz y, con mi muerte, los alejé de la presencia de mi Padre.

Preguntas para meditar

1. ¿Quién construyó el santuario celestial?

2. ¿Por qué el santuario celestial no es idéntico al terrenal estructuralmente?

3. Según Salomón, ¿desde dónde contestaba y contesta mi Padre las oraciones a los creyentes?

4. ¿Dónde queda ubicado el santurio celestial?

5. El perdón y las bendiciones les son otorgados a mis seguidores, ¿desde dónde?

6. ¿Qué otra palabra usan los escritores bíblicos para hablar del santuario celestial?

El Santuario y la Limpieza

Espero que hayan captado que el santuario celestial es el centro de todas las operaciones del universo. El perdón y las bendiciones que alguna vez se han prodigado a los seres humanos han salido directamente del santuario celestial.

Sin embargo, debemos adentrarnos en algunos detalles de ésta parábola tan fascinante como lo es el santuario terrenal. Por ejemplo, muchos enseñan y creen que el santuario terrenal era un depósito de los pecados del pueblo. Incluso, sin darse cuenta, creen que la sangre derramada *"transfería"* los pecados hasta dentro del santuario. Pero les aseguro que no es así. Permítanme presentarles cómo en realidad funcionaba el proceso.

¿Era y es el santuario un depósito de pecados?

1. La Biblia claramente enseña que el santuario era el lugar donde nosotros, la Deidad, visitábamos al pueblo. Mi Padre no puede habitar donde hay pecado. Los dos no pueden co-existir en el mismo lugar.

2. Muchos eruditos modernos y antiguos por igual, olvidan que el santuario era el lugar de PURIFICACION y no el depósito de los pecados. En otras palabras, ninguna cosa inmunda podía tocar el santuario so pena de muerte.

3. El pecado nunca podía entrar en el santuario. El pecado quedaba a la puerta del mismo donde el penitente derramaba la sangre como

prueba fehaciente de que la penalidad del pecado se había cumplido: *"La paga del pecado es muerte..."*

4. En el santuario, los pecados eran limpiados y quitados, NUNCA almacenados.

¿Qué debían hacer para mantener limpio el santuario?

1. *"Jehová habló a Moisés, diciendo: Manda a los hijos de Israel que echen del campamento a todo leproso, y a todos los que padecen flujo de semen, y a todo contaminado con muerto. Así a hombres como a mujeres echaréis; fuera del campamento los echaréis, para que no contaminen el campamento de aquellos entre los cuales yo habito. Y lo hicieron así los hijos de Israel, y los echaron fuera del campamento; como Jehová dijo a Moisés, así lo hicieron los hijos de Israel"* (Num. 5:1-4).
   a. Observen que quienes incluso no habían obtenido la purificación ritual en el santuario, eran echados del campamento, cuánto más del santuario.

2. El siguiente texto puede que les ayude a formar una visión clara de que la impureza que no podía ser removida en el campamento, debía salir del campamento y por ende, debía alejarse del santuario.
   a. *"Habló Jehová a Moisés, diciendo: Habla a los hijos de Israel y diles: La mujer cuando conciba y dé a luz varón, será inmunda siete días; conforme a los días de su menstruación será inmunda. Y al octavo día se circuncidará al niño. <u>Mas ella permanecerá treinta y tres días purificándose de su sangre; ninguna cosa santa tocará, ni vendrá al santuario,</u> hasta cuando sean cumplidos los días de su purificación"* (Lev. 12:1-4).

3. Y mientras no cumpliera el tiempo establecido para la purificación, la persona no podía entrar en el santuario.

a. *"Habló Jehová a Moisés, diciendo: Habla a los hijos de Israel y diles: ... ninguna cosa santa tocará, ni vendrá al santuario, <u>hasta cuando sean cumplidos los días de su purificación</u>"* (Lev. 12:1-4).

4. No seguir las prescripciones dadas por Dios, podía terminar en la muerte para el penitente.

   a. *"Así guardaréis al pueblo de Israel de su inmundicia, para que no mueran en su inmundicia, contaminando mi tabernáculo que está en medio de ellos"* (Lev 15:31).

5. El texto bíblico también señala que si el penitente tenía contacto con algo muerto, contaminaba el santuario y la persona podía morir irremediablemente.

   a. *"El que toca un cadáver, el cuerpo de un hombre que ha muerto y no se purifica, profana el tabernáculo de Jehová; Y esa persona será cortada de Israel. Porque el agua para la impureza no fue rociada sobre él, él será inmundo; Su inmundicia está todavía sobre él"* (Num. 19:13).

6. Esto quiere decir, que si algún penitente rechazaba la providencia divina para la limpieza de su pecado, la tal persona era cortada de la congregación.

¿Para qué estaba el santuario entonces?

1. El santuario fue erigido para nosotros poder tabernacular en medio de un pueblo pecador (Exo. 25:8).

2. Mi Padre utilizó el santuario y sus servicios como el único mecanismo que simbolizaba la eliminación del pecado del pueblo (Lev. 16:20).

3. Claramente se puede ver sin muchos tapujos que el santuario NO era un depósito de pecados donde los mismos se almacenaban. Al contrario, lo que ocurría allí era la solución divina a la eliminación, erradicación y limpieza del pecado (Lev. 16:19).

4. Observen que hasta los nombres asignados al santuario van cambiando a medida que se acercaban más a nuestra presencia.
   a. Atrio
   b. Lugar Santo
   c. Lugar Santísimo

5. El santuario era el lugar donde el pueblo era restaurado porque el santuario servía como el lugar para que Dios pudiese ELIMINAR el pecado y nunca para depositarlos allí (2 Chron. 6:39).

6. Por tal razón, el ofrendante era perdonado (desde el cielo) cuando traía su ofrenda por el pecado, entonces y solo entonces la expiación era consumada.

No existe el más mínimo indicio de que la sangre llevaba los pecados adentro del santuario. La sangre de los animales NO contaminaba el santuario terrenal, pues la sangre hacía lo contrario, PURIFICABA el santuario de sus impurezas rituales. Observen el siguiente texto: *"Porque la vida de la carne en la sangre está, y yo os la he dado para hacer* _expiación_ *sobre el altar por vuestras almas; y la misma sangre hará* _expiación_ *de la persona"* (Lev. 17:11).

Este texto ha sido interpretado por algunos eruditos *"expertos"* en el santuario, como que el pecado era transferido al santuario a través de la sangre que el sacerdote manipulaba. Pero esta es una asunción muy meladaganaria. El sacerdote mismo estaba allí para purificar el pecado, nunca para transferirlo.

Las ofrendas por el pecado eran ofrecidas como una manera de transferir el pecado a la víctima. El único que transfería el pecado a la víctima era el penitente cuando confesaba su pecado sobre ésta. Así que con esto en mente, veamos qué realmente representaba todo esto.

1   El sacerdote, al comer la carne de la ofrenda por el pecado, nunca transfería el pecado al santuario, pues el sacerdote NO era un ministro de pecado. El sacerdote transfería SANTIDAD con el ritual que hacía. De hecho, la ofrenda por el pecado era llamada cosa "*santísima*". No era un contaminante como te enseñaron los religiosos bien intencionados.

   a.   "*Habla a Aarón y a sus hijos, y diles: Esta es la ley del sacrificio expiatorio: en el lugar donde se deguella el holocausto, será degollada la ofrenda por el pecado delante de Jehová; **es cosa santísima***" (Lev. 6:25).

   b.   "*Todo varón de entre los sacerdotes la comerá; **es cosa santísima***" (Lev. 6:29).

2   Como acabé de explicar, los pecados confesados nunca, pero NUNCA (aún en la tipología) eran transferidos al Lugar Santo ni al Lugar Santísimo, pues en el servicio diario, la sangre era asperjada solamente sobre el velo y nunca manipulada más allá del velo.

Conclusión

El santuario NO era un depósito de pecado, sino el lugar donde Dios lidiaba con el pecado del pueblo. Y donde él manifestaba su presencia de una manera tangible y visible. Decir que el santuario era un depósito de pecado o siquiera inferirlo, es negar el texto bíblico. Veremos más detalles sobre qué realmente contaminaba el santuario en el siguiente capítulo.

Preguntas para meditar

1. En el santuario terrenal, ¿se transferían los pecados o se purificaban?

2. Si no se depositaban pecados en el santuario terrenal, ¿qué pasaba con estos pecados?

3. ¿Para qué dijo Dios que le erigieran un santuario? (Exo. 25:8).

4. Cuando el sacerdote comía la carne en uno de los rituales del santuario, ¿qué transfería él? (Lev. 6:25).

5. ¿Quién era el único que transfería el pecado a la víctima?

6. ¿Por qué los pecados *"confesados"* nunca eran transferidos al Lugar Santísimo?

La Contaminación del Santuario Terrenal

Ya les mostré claramente que la sangre en el santuario no era un agente contaminador, tampoco un agente de transferencia del pecado al santuario, sino todo lo contrario. La sangre era el vehículo, el medio a través del cual la purificación, expiación y perdón de los pecados era efectuada a manos del sacerdote.

Ya que se creía que la sangre era el agente que transfería los pecados al santuario, se deducía logicamente que el santuario era un depósito anual de pecados, y eso es entendible, pero no es así.

Sin embargo, como pudieron estudiar, el santuario terrenal era el lugar donde el problema del pecado encontraba solución temporal y encontrará solución permanente en el santuario celestial.

De hecho, es posible que algunos hayan pensado o deducido que yo estoy infiriendo que el santuario no es contaminado, porque enfaticé la realidad factual de que el santuario no es un depósito de los pecados.

Entonces la pregunta obligada es, si no se depositan pecados en el santuario, ¿cuál es la razón de tener que *purificar* el santuario si el mismo no está contaminado con los pecados transferidos a través de la sangre?

¿Qué contaminaba el santuario en Israel?

Permítanme citar algunos textos bíblicos que podrían traer más claridad sobre el asunto:

1. *"Habló Jehová a Moisés, diciendo: Dirás asimismo a los hijos de Israel: Cualquier varón de los hijos de Israel, o de los extranjeros que moran en Israel, que <u>ofreciere alguno de sus hijos a Moloc</u>, de seguro morirá; el pueblo de la tierra lo apedreará. Y yo pondré mi rostro contra el tal varón, y lo cortaré de entre su pueblo, por cuanto dio de sus hijos a Moloc,* **<u>contaminando mi santuario</u>** *y profanando mi santo nombre"* (Lev. 20:1-3).

   a. La expresión más clara de éste texto es la que dice: *"contaminando mi santuario y profanando mi santo nombre"* por ofrecer sus hijos a Moloc. La misma implica que el santuario era contaminado por las acciones pecaminosas del individuo y no con la transferencia de la sangre con los pecados como les han dicho.

   b. Observen que no hay manipulación de la sangre, no hay ritual ni tampoco hay penitencia. Es el acto mismo pecaminoso de ofrecer a los hijos al demonio que contaminaba al santuario y el buen nombre de mi Padre Dios, en este caso.

3. *"Así separaréis a los hijos de Israel de su inmundicia, cuando* **<u>contaminen mi tabernáculo que está entre ellos</u>***"* (Lev. 15:31).

   a. En este caso, la inmundicia del individuo los obligaba a 'separarlos' para que no CONTAMINASEN el santuario con su inmundicia.

4. Observemos este otro caso, el cual es menos dramático que ofrecer los hijos al demonio: *"Mas el hombre que fuere inmundo, y no se*

purificare, esa alma será cortada de entre la congregación,
porque ha contaminado el santuario de Jehová" (Num. 19:20).

    a. De nuevo, es muy claro que el individuo que era considerado <u>inmundo</u> debía purificarse. De otra manera, sin la purificación efectuada, su inmundicia contaminaba el santuario. Aquí es el acto del individuo o su falta de acción (en este caso) lo que contaminaba al santuario.

    b. La pregunta que se desprende de estos textos es, ¿qué es *"inmundicia"* en términos bíblicos?

    c. El vocablo hebreo traducido como *"inmundicia"* es TAME. El mismo tiene una variedad de usos específicamente en la ley mosáica, que van desde idolatría, lepra o cualquier otra cosa.

    d. Sin embargo, para que les sea más facil de entender el concepto, he consignado dicho vocablo a cinco categorías:
- Inmundicia de carácter sexual (Lev. 20:21).
- Inmundicia de carácter religioso (Lev. 7:19).
- Inmundicia de carácter ceremonial (Lev. 22:4-6).
- Inmundicia de carácter moral (Lev. 20:1-3).
- Inmundicia de carácter físico (Lev. 14:44-48).

5 Entonces es sumamente claro que mucho antes que cualquier pecado fuera confesado, el santuario ya había sido contaminado por el PECADO COMETIDO en el pueblo, a través de cualquiera de las cinco categorías de inmundicias estipuladas en la ley.

6 Y de hecho, en el caso del hombre que fue encontrado recogiendo leña en el sábado (Num. 15:33), que dicho sea de paso, NO ERA

PARA COCINAR (este acto tenía que ver con la adoración al sol y no con comida); aunque este hombre fue cortado de la congregación, fue el pecado cometido lo que contaminó el santuario.

Si el pecado no entraba en el santuario, ¿por qué entonces el pecado cometido en el pueblo "*contaminaba*" el santuario?

La razón de este fenómeno la Biblia misma lo explica de la siguiente manera:

1. *"No haréis así a Jehová vuestro Dios, sino que el lugar que Jehová vuestro Dios escogiere de entre todas vuestras tribus, **para poner allí su nombre** para su habitación, ése buscaréis, y allá iréis. Y allí llevaréis vuestros holocaustos, vuestros sacrificios, vuestros diezmos, y la ofrenda elevada de vuestras manos, vuestros votos, vuestras ofrendas voluntarias, y las primicias de vuestras vacas y de vuestras ovejas"* (Deut. 12:4-6)

   a. Observen que la frase que debería captar su atención es: *"para poner su nombre"*. Es obvio, pues el nombre de mi Padre Dios estaba íntimamente asociado al santuario.

   b. Miren este otro ejemplo. *"Y no des hijo tuyo para ofrecerlo por fuego a Moloc; no **contamines** así el nombre de tu Dios. Yo Jehová* (Lev. 18:21).

   c. Y aún el jurar en vano traía también sus consecuencias: *"Y no juraréis falsamente por mi nombre, **profanando** así el nombre de tu Dios. Yo Jehová"* (Lev. 19:12).

El santuario era contaminado por el pecado cometido y no por la transferencia de pecado al santuario a través de la sangre. Esto debería llevarte a una conclusión muy lógica, que es tan lógica que es posible que nisiquiera has pensado en ella:

- LA CONFESION DEL PECADO NO PUEDE CONTAMINAR EL SANTUARIO.
- La confesión del pecado elimina la posibilidad de la permanencia del pecado, pues el santuario era el símbolo de la presencia de Dios, Aquél que lidia con los pecados de todos nosotros.

¿Qué implicación tiene que Dios habite en medio de su pueblo?

La sangre del animal a quien los pecados les habían sido transferidos por la confesión NUNCA contaminaban el santuario, sino que **lo purificaban**:

1. *"Y no contaminaréis la tierra donde estuviereis; porque esta sangre amancillará la tierra, y la tierra no será expiada de la sangre que fue derramada en ella, sino por la sangre del que la derramó. No contaminéis, pues, la tierra donde habitáis, en medio de la cual yo habito; porque __yo Jehová habito en medio__ de los hijos de Israel"* (Num. 35:33-34).
   - Dicho de otra manera, si alguien cometía un homicidio o asesinato, esta persona contaminaba la tierra y al mismo tiempo el santuario, porque era allí donde Dios se manifestaba con su pueblo.
   - La prescripción divina para purificar la tierra de ese pecado de homicidio era darle muerte al asesino.
   - En sí, la muerte de quien perpetraba el asesinato era requerida para limpiar el buen nombre de Dios que habitaba en MEDIO DE ELLOS (en el santuario/palacio).

Preguntas para meditar

1. ¿Contaminaba la sangre el santuario o era el pecado cometido?

2. Mencione dos ejemplos de contaminación del santuario terrenal.

3. ¿Cuántos tipos de inmundicia hay en la Ley mosáica?

4. ¿Por qué la confesión del pecado no podía contaminar el santuario?

5. Aparte del santuario, ¿qué más se profanaba con el pecado cometido?

6. En realidad, ¿cuál era la función de la confesión?

7. ¿Por qué exactamente Dios tomaba ofensa con el/los pecados cometidos?

8. En el caso de asesinato, ¿qué se requería para *"limpiar"* (expiar) dicho pecado?

La Contaminación Del Santuario Celestial

Quién contaminó el santuario celestial?

Creo que ya debe estar bien claro que era el pecado y no la sangre lo que contaminaba el santuario terrenal. A veces algunos no ponderan con cuidado sus aserciones. Permítanme explicarme: aquéllos que dicen que la sangre era el vehículo de transferencia de los pecados al santuario, sin darse cuenta, me atribuyen a mí la contaminación del santuario celestial.

Digo esto porque el santuario celestial necesita purificación, y si se cree que la sangre era lo que transfería el pecado al santuario, entonces yo, con mi propia sangre que ahora llevo en mi cuerpo glorificado, es quien contamina el santuario celestial. Y quiero dejar claro que mi sangre NO contamina; al contrario, PURIFICA.

El santuario celestial fue contaminado con el pecado cometido en el cielo por Lucifer. Ya les expliqué que es el pecado cometido lo que contamina el santuario, y nunca el pecado confesado.

De hecho, sobre Lucifer dije lo siguiente: *"El ha sido HOMICIDA desde el principio, y no ha permanecido en la verdad, porque no hay verdad en él. Cuando habla mentira, de suyo habla; porque es mentiroso, y padre de mentira"* (Juan 8:44).

¿Cómo ha sido Satanás homicida desde el principio?

- Observen que a través de Moisés, yo hice una conexión entre el homicidio y el hablar mentiras.

- De hecho, la Ley levítica así lo prescribe cuando dice: "*No andarás chismeando entre tu pueblo. No atentarás contra la vida de tu prójimo. Yo Jehová*" (Lev. 19:16).

- De Lucifer, el texto sagrado nos dice lo siguiente: "*Con la multitud de tus maldades [AVON] y con la iniquidad ['EVEL] de tus contrataciones profanaste tu santuario…*" (Ezek. 28:18).

- El término hebreo 'EVEL, se refiere a varios tipos de iniquidades: moral, injusta, violenta, pero una de las más usadas es la violencia en la forma de hablar y comunicarse.

Por las razones expuestas arriba, hice la descripción perfecta de Satanás y dejé bien claro el enlace único entre el homicidio y el uso de la lengua. De paso, la palabra griega para "*diablo*" es DIABOLOS. La misma viene del verbo DIABALLOS que significa: denigrar, hablar mal de otra persona, calumniar, chismear de forma violenta. La palabra "*diablo*" o "*el diablo*" aparece en 37 ocasiones en la Biblia (NT). La misma tiene varias excepciones, voy a mencionar sólo tres:

1. "*Las mujeres asimismo sean honestas, no calumniadoras [DIABOLOS], sino sobrias, fieles en todo*" (1 Tim. 3:11). Es obvio que aquí no se refiere al diablo mismo, aunque usa la palabra "*diabolos*", haciendo una referencia al mal uso de la lengua (calumniadoras).

2. *"…Sin afecto natural, implacables, calumniadores [DIABOLOS], intemperantes, crueles, aborrecedores de lo bueno"* (2 Tim. 3:2-3). Por supuesto que no está hablando del demonio, sino del pecado de la calumnia.

3. Incluso, usé la palabra para Judas: *"¿No os he escogido yo a vosotros los doce, y uno de vosotros es diablo? [DIABALLOS] Hablaba de Judas Iscariote, hijo de Simón; porque éste era el que le iba a entregar, y era uno de los doce"* (Juan 6:70).

4. En otras palabras, Judas fue llamado DIABOLOS por mí, no porque me calumniaría (en este caso), sino porque me traicionaría.

5. De la misma manera, Lucifer, la serpiente antigua que se llama *"diablo"* y Satanás, ha sido un homicida desde el principio por su pecado de la lengua y traición a la bondad y el amor de Dios. Y es con estos pecados que Lucifer HA CONTAMINADO el santuario celestial.

El pecado de Adán

El otro aspecto a mirar, es el pecado cometido por Adan. Veamos: Cuando Dios creó el mundo, éste se convierte en PARTE DE SU MORADA (Hech. 7:49).

1. Adán es llamado en la Biblia *"Hijo de Dios"* (Luc. 3:38). Todos los seres humanos pasaron a ser *"su descendencia"* (Hech. 17:28).

2. Mi Padre Dios, en más de una ocasión dejó claro que *"el cielo es mi trono y la tierra el estrado de mis pies"* (Isa. 66:1).

3. Entonces, cuando Adán pecó, Adán profanó el santuario de Dios, porque el trono de Dios y el santuario/palacio de Dios están intimamente conectados. Y ya que el pecado de Adán pasó a la raza

humana (Rom. 5), el santuario como un todo (en el cielo y en la tierra) se contaminó.

Para expiar dicha contaminación, Adán debía morir. En ese caso, yo mismo me ofrecí como Sustituto del hombre. Entonces vemos que consistentemente es el pecado del hombre lo que contamina el santuario y NUNCA la confesión del pecado como te lo mal enseñaron

El pecado de Adán contaminó el *"estrado de Dios"* (la tierra), aunque Adán hubiese confesado su pecado o no; y el pecado de Lucifer contaminó el santuario del cielo (su palacio).

Implicaciones

- Es muy claro entonces que la confesión del pecado no puede contaminar nada, pues la confesión era y es usada precisamente para eliminar el pecado.
- Sabemos la razón precisa de porqué mi Padre Dios ordenó a Moisés que erigiera un santuario, para que él pudiese *"habitar entre ellos"* (Tabernacular con ellos –Exo. 25:8). Dicho de otro modo, el Rey del universo establece su PALACIO RESIDENCIAL en la tierra para morar con su pueblo. ¿Qué implica eso?
    a. Implica que cada acto de pecado cometido en su territorio contaminaba su morada, y su nombre como Rey quedaba deshonrado.
    b. Dicho sea de paso, esa precisamente era la razón por la cual mi Padre Dios ordenaba que los hombres y mujeres *"leprosos"* fueran sacados del campamento, para que no

> "***contaminen el campamento donde yo habito***" (Num. 5:3).

> c. Además, mi Padre le dijo a Ezequiel, por ejemplo, lo siguiente: "*Sus sacerdotes han violado mi ley, y han profanado mis cosas santas, ni han mostrado diferencia entre lo inmundo y lo limpio, y han ocultado sus ojos de mis sábados y **estoy profanado entre ellos***". (Ezeq. 22:26).

Esto significa que cada pecado cometido en el pueblo traía verguenza al buen nombre de mi Padre. De hecho, algunos todavía usan esta misma argumentación (sin darse cuenta) para desfraternizar a hermanos que están en pecado abierto en las iglesias, cuando dicen: "*Hay que preservar el buen nombre de la iglesia*". También añade,

> "*Hijo de hombre, cuando la casa de Israel habitó en su propia tierra, la contaminaron por sus propios caminos y por sus propias obras ... Por lo cual, derramé mi furor sobre ellos, porque la sangre que habían derramado sobre ellos La tierra y sus ídolos con que la habían contaminado, y los dispersé entre las naciones ... según sus obras los juzgué, y cuando entraron a las gentes a donde iban, **profanaron mi santo nombre,** cuando ellos les dijeron: estos son el pueblo del señor, y salieron de su tierra, pero **tuve piedad de mi santo nombre, que la casa de israel había profanado** entre las naciones a donde iban. casa de israel: así ha dicho jehová: no lo hago por vosotros, oh casa de israel, sino **por causa de mi santo nombre, que habéis profanado** entre las naciones a donde fuisteis, y santificaré mi gran nombre*" (Ezeq. 36:17-23).

Conclusión

1. La confesión del pecado NUNCA contaminaba el santuario.
2. La confesión del pecado era parte de la PURIFICACION del mismo, no de su contaminación.

3. Cuando mi Padre castigaba a su pueblo, era su manera de demostrar que hubo una falta grave. Por lo tanto, mi Padre Dios estaba, si se quiere, purificando el pecado de su pueblo a través del castigo, porque el universo ve claramente que Dios no condona dicho pecado.

4. Al pecar, se contaminaba no solo el santuario, sino también:
   - El buen nombre de mi Padre Dios que había sido deshonrado
   - Su presencia también, pues el habitaba en *"medio de ellos"*.

5. Este acto de purificación solo se podía hacer cuando la SANGRE ERA DERRAMADA (Heb. 9:22); en este caso, mi propia sangre.

6. Lucifer contaminó el santuario celestial con su pecado de homicidio a través de la lengua y traición al amor de mi Padre Dios.

7. Adán en cambio, contaminó la tierra con su pecado de rebelión abierta en contra de Dios (pues él sabía muy bien que estaba yendo en contra de la voluntad divina).

Preguntas para meditar

1. ¿Quién contaminó el santuario celestial?

2. ¿De qué manera ha sido Satanás "*homicida*" desde el principio?

3. ¿Qué significa la palabra "*diablo*"?

4. Mencione por lo menos dos ejemplos del uso de la palabra "*diablo*" en referencia a otras personas y no al demonio.

5. ¿Qué es el estrado de Dios?

6. ¿Cómo contaminó Adán la tierra?

La Función de La Sangre En El Santuario

Como ya expliqué, el santuario no era un depósito de pecados. También dije que la sangre purifica en lugar de contaminar. Y en éste capítulo les mostraré la importancia de la sangre en todo el ritual del santuario terrenal y sus implicaciones en relación al sacrificio o pago universal por toda la humanidad.

Lo primero que deberíamos mirar es qué causa la muerte. La Biblia dice enfáticamente que *"La paga del pecado es muerte"* (Rom. 6:23). A ustedes se les ha enseñado que cuando un penitente venía al santuario con una ofrenda por el pecado, el penitente tenía que seguir el siguiente ritual.

1. Confesar su pecado sobre el animal (esto en sí demandaba la muerte del animal).
2. Degollar al animal (al hacerlo, la sangre era vertida sobre el altar de sacrificio).
3. El sacerdote tomaba parte de esa sangre y la entraba al santuario.
4. El pecado del penitente era TRANSFERIDO al santuario a través de la sangre por el sacerdote al asperjar la sangre sobre el velo.

La conclusión lógica es que al confesar el pecado sobre la cabeza de la víctima, mientras ésta vivía, el pecado era transferido a la víctima (la cual moría, y así eliminaba la presencia del pecado en el campamento). Lo que es totalmente ilógico es que después de la muerte, el pecado confesado fuera transferido al velo del santuario.

Muchos olvidan que aunque la muerte y el derramamiento de sangre se hacen necesarios para lograr el perdón, no es cierto que la sangre de un animal muerto lleve propiedades salvíficas. Si usted cree algo así, entonces está promocionando otro evangelio ajeno a la Biblia.

La sangre derramada de animales, ¿transfería pecados o los purificaba?

1. *"Porque si la sangre de los toros y de los machos cabríos, y las cenizas de la becerra rociadas a los inmundos, __santifican__ para la __purificación__ de la carne, ¿cuánto más la sangre de Cristo, el cual mediante el Espíritu eterno se ofreció a sí mismo sin mancha a Dios, limpiará vuestras conciencias de obras muertas para que sirváis al Dios vivo?* (Heb. 10:13-14).
   - De acuerdo al autor de Hebreos, la sangre de los animales ofrecidos NUNCA contaminaba el santuario, En realidad lo que hacía era PURIFICARLO.

¿Qué pasaba con la sangre en el día de Yom Kippur?

En ese día, la sangre era vertida sobre el altar también. Entonces cabe la pregunta:

1. ¿Cómo podría ese mismo altar ser purificado de pecado, si el mismo día de la expiación era rociado con más sangre cargada de pecado en ese mismo altar?
2. Quizás podríamos verlo de otra manera. Todos los días se practicaba el TAMID (Contínuo). Es decir, la sangre era transferida al velo con el sacrificio de la mañana y el sacrificio de la tarde. El

día de Yom Kippur, los supuestos *"pecados transferidos a través de la sangre"* tenían que ser purificados en ese día.

3. Pero hay un problemita sencillo, en el TAMID (servicio diario), NO SE ROCIABA sangre en el Lugar Santísimo (sino sobre el velo). Por lo tanto, NO ES LA SANGRE LO QUE CONTAMINA EL SANTUARIO, sino LOS PECADOS COMETIDOS.

¿Qué le pasó al pecado confesado si el mismo no era transferido al santuario?

Para responder a esta pregunta, debemos mirar lo que la Biblia dice simple y llanamente: *El que está muerto está **LIBRE** del pecado"* (**Rom. 6:7**).

- Es totalmente imposible que el pecado quede en la sangre del animal que ha muerto, por la sencilla razón que la muerte libera a la víctima del pecado.

- En otras palabras, el pecado NO PUEDE CONTINUAR EN EXISTENCIA en el pecador DESPUES que ha muerto. Si eso es lo que usted le enseña a la gente, sin quererlo estaría afirmando el concepto de la inmortalidad del alma, el cual fue la primera mentira dicha por Satanás a Eva.

- Dicho de otro modo, la muerte libera al pecador del pecado, pues el pecado DEMANDA una penalidad, la misma es LA MUERTE.

¿Entonces la sangre de Cristo contamina el santuario celestial?

- Si el santuario terrenal era una copia del celestial, y el terrenal era contaminado con la *"sangre transferida"*, entonces el santuario celestial está contaminado con sangre transferida allá.

Pero hay un problema, la única sangre que ha sido llevada al santuario celestial es la mía, cuando ascendí al cielo (Heb. 9:23-26). Pero es un absurdo pensar que mi sangre contamine el santuario celestial cuando precisamente lo que estoy haciendo es efectuando la purificación de todas las cosas.

- *"Fue pues, necesario que las figuras de las cosas celestiales fuesen **purificadas** así; pero las cosas celestiales mismas, con mejores sacrificios que estos"* (Heb. 9:23).

¿Qué dice Juan con respecto a mi sangre?

1. *"Pero si andamos en luz, como él está en luz, tenemos comunión unos con otros, y la sangre de Jesucristo su Hijo nos **limpia** de todo pecado"* (1 Juan 1:7).
2. *"Y de Jesucristo el testigo fiel, el primogénito de los muertos, y el soberano de los reyes de la tierra. Al que nos amó, y **nos lavó** de nuestros pecados con su sangre"* (Apoc. 1:5).

Conclusión

Es imposible que mi sangre haya contaminado el santuario celestial, cuando en realidad, mi sangre LIMPIA, LAVA y PURIFICA los pecados. Nunca enseñé ni tampoco el Espíritu Santo inspiró a nadie a tener la descabellada idea de que mi sangre tiene un rol dualista: Contaminar el santuario celestial para luego purificarlo.

Al propagar dichas ideas, se enseña que yo mismo fuí el causante del problema y ahora yo sólo debo resolverlo. Es una manera muy sutil de culparme a mí por el problema del pecado en el universo, mientras que al mismo tiempo se disculpa a Satanás de su obra pecaminosa.

Preguntas para meditar

1. ¿Qué causa la muerte?

2. ¿Podía la sangre de un animal muerto *"llevar"* propiedades salvíficas?

3. ¿Puede el pecado continuar vivo después que la víctima muere?

4. ¿Puede la sangre de Cristo *"contaminar"* el santuario celestial?

5. Si Cristo no contamina el santuario celestial, ¿cuál es la función de su sangre?

Lo Que Nunca Te Dijeron Sobre La Expiación

Muchos tienen la extraña idea de que toda expiación debía hacerse con sangre. Sin embargo, si estudiaran mis indicaciones dadas sobre el respecto, se darían cuenta que no siempre fue así.

También se ha vendido la idea que la expiación era estrictamente para lidiar con el pecado, pero esa es otra idea distorsionada que podría hallar cabida solamente en las mentes de aquéllos que ven solamente lo que quieren ver.

En el estudio de hoy y el subsiguiente, veremos que el concepto de expiación durante el Yom Kippur tenía que ver en gran parte con la PURIFICACION RITUAL que la ley de los sacrificios requería y con la parte que tiene que ver con la culpabilidad moral que se demanda del pecador.

1. El propósito principal de la expiación era santificar o dedicar al sacerdote para que ejerciera (Ex.29:1-13).

2. De hecho, en este pasaje de Exodo 29:1-13, es a través de la sangre del becerro que se logra este objetivo.

3. Una vez que la purificación había sido hecha y la santificación había sido alcanzada, entonces y solo entonces, se tomaban las grosuras y el estiércol del animal y se sacrificaban afuera del campamento, y a ese acto se le llamaba *"ofrenda por el pecado"* (Exo. 29:14).

4. En Levíticos 4, la expiación era alcanzada con la sangre del becerro y con la quema del cuerpo del becerro.

5. Levíticos 7:7 dice que había dos tipos de sacrificio que operaban bajo la misma ley o procedimiento:
   - Sacrificio por el pecado.
   - Sacrificio por la culpa.

6. En Levíticos 8, varios procedimientos se llevaban a cabo antes que la expiación pudiera efectuarse:
   - Los sacerdotes oficiantes debían lavarse con agua (v.6).
   - En este caso eran vestidos con las vestiduras sacerdotales regias incluyendo el Urim y el Tummin y la mitra de oro (vv. 7-9).
   - El tabernáculo era ungido con aceite para santificación (v.10).
   - El sumo sacerdote Aarón era consagrado o santificado por Moisés con aceite para que pudiera oficiar el siguiente rito (v.12).
   - Un becerro era sacrificado para purificar el altar y darles autoridad con la sangre derramada (v.15a).
   - La sangre de este becerro era para expiación y reconciliación (v.15b).
   - La carne, la piel y el estiércol debían ser quemados fuera del campamento después que el procedimiento de expiación y reconciliación eran completados (v.17).
   - Después de varios procedimientos hechos con el carnero, se tomaba la sangre del becerro y el aceite y se salpicaba con

sangre la ropa del sumo sacerdote y de todos los sacerdotes involucrados (v.30).

○ Finalmente, Moisés explica que debían quedarse siete días (7) allí dentro para que pudieran ser expiados o mejor dicho purificados (v.33).

7. Levíticos 9 es una continuación de lo que ocurría en el capítulo 8, por esa razón, el texto dice: "*Al octavo día*" (v.1), varias cosas debían suceder; entre ellas, el manejo de los chivos:

○ El sumo sacerdote ofrecía un becerro y un carnero para ofrecerlos a Jehová (v.2).

○ El pueblo de Israel debía proveer un macho cabrío para expiación (v.3a); un cordero y un carnero para holocausto (v.3b).

○ El pueblo de Israel también ofrecía un buey y un carnero para sacrificio de paz delante Jehová (v.4).

○ En el v.7, el becerro era usado para expiación y reconciliación del sumo sacerdote y del pueblo.

○ En el v.15, el macho cabrío era ofrecido para expiación y como ofrenda por el pecado del pueblo.

8. En Levíticos 10 ocurre un fenómeno interesante, después que Nadab y Abiú murieron debido al fuego que salió de Dios y los consumió (v.2), Moisés preguntó si habían comido la carne del chivo que se habla en el capítulo 9:16.

○ Moisés se enojó en contra de Eleazar e Itamar por no haber comido la carne del chivo (vv.16-17).

- En este verso Moisés indica las dos funciones de este chivo que eran *"llevar"* la iniquidad y *"reconciliar"* el pecado (v.17). Es super interesante ver la función dual de este chivo: <u>llevar</u> el pecado y <u>reconciliarlo</u>.
- Moisés se enojó porque la sangre de este chivo NO fue llevada dentro del santuario, y aún así, el chivo llevó la iniquidad e hizo la reconciliación por el pecado (v.18).

9. En Levíticos 11, ocurre otro fenómeno interesante, pues las casas inmundas por la contaminación de lepra o moho, debían ser purificadas de la siguiente manera:

- Se tomaban dos avecillas para limpiar o purificar la casa (v.49).
- Una de las avecillas era degollada (v.50).
- La sangre de esta avecilla degollada era usada para rociar la casa siete veces (v.51a). La casa era purificada con la sangre de esta avecilla (v. 51b).
- La otra avecilla era dejada viva y liberada para lograr la expiación y la reconciliación de dicha casa (v.53). Es también aleccionador ver que las dos avecillas eran parte del <u>mismo sacrificio</u>, y mientras una moría, la otra era dejada libre. Sin embargo, la expiación no era lograda hasta que <u>ambos ritos eran cumplidos al pie de la letra.</u>

Conclusión

Se hacía expiación por muchas cosas. Sin embargo, todos estos ritos solamente producían purificación ritual y nunca fueron dados con la intención de eliminar la responsabilidad moral del penitente.

Preguntas para meditar

1. ¿Cuál era el propósito principal de la expiación? (Exo. 29:1-13).

59

2. ¿Cómo se lograba santificar al penitente en el santuario terrenal?

3. ¿De acuerdo a Lev. 7:7, cuántos tipos de sacrificio había?

4. Mencione a lo menos tres razones por las cuales se hacía

   expiación.

5. ¿Para qué servían los ritos de expiación?

Purificación Moral
vs Purificación Ritual

En capítulos anteriores mencioné someramente la función de los machos cabríos por Jehová y por Azazel durante el ritual del Yom Kippur. En los próximos capítulos veremos en detalles las implicaciones envueltas en la función de ambos chivos usados durante el Yom Kippur.

Ambos machos cabríos eran presentados ante Jehová a la puerta del tabernáculo de reunión (Lev. 16:7). Ambos machos cabríos era sometidos al proceso de la suerte (v.8). El macho cabrío por Jehová era muerto para EXPIACION RITUAL (v.9). El macho cabrío por Azazel era dejado vivo para efectuar la RECONCILIACION (v.10).

Chivo para Jehová

1. El chivo por Jehová era usado exclusivamente para hacer la purificación (L'CHATAH) como *ofrenda por el pecado*"(v.10). Sin embargo, ambos chivos eran para expiación (L'KEPHAR); es decir, para RECONCILIACION/PERDON (v.5).

2. La expiación no era exclusivamente para lidiar con los pecados, sino que la expiación no solo purificaba, sino que <u>santificaba lo purificado</u> (Exo. 29).

3. En el caso de Yom Kippur, todo el proceso de expiación del chivo para Jehová es un proceso de purificación ritual, sabemos esto porque ningún pecado era colocado sobre este chivo. A diferencia

de Lev. 10:18, donde la sangre debía entrar al santuario para poder lograr la reconciliación, no había sangre derramada de este chivo.

4. Observen que este chivo era ofrecido en "*expiación por el pecado del pueblo*" (v.15), pero ningún pecado era puesto sobre este chivo; esto indica que su función era netamente <u>ritual</u>.

Esto nos presenta con una tremenda paradoja. ¿Cómo es posible ofrecer un animal por el pecado, pero no necesariamente poner pecados sobre el animal? No hay que alarmarse (este concepto lo expandiremos a medida que avance esta serie).

1. En el caso del chivo por Jehová, no había confesión de pecados sobre dicho animal, aunque fuera usado para expiación, es decir, purificación.

2. Degollar a un animal para expiación, era considerado sencillamente un RITUAL DE PURIFICACION. El concepto de confesión de pecados NO tenía que estar presente, veamos varios ejemplos:

   - Se hacía expiación cuando se daba una ofrenda a Jehová (Exo. 30:15).

   - También se hacía expiación con dinero (Exo. 30:16).

   - Se podía hacer expiación sin derramamiento de sangre con dos tórtolas o dos palominos (Lev. 5:7).

   - Se podía hacer expiación la décima parte de un efa de flor de harina (Lev. 5:11) y era considerado una ofrenda encendida a Jehová (v.12).

- Se debía hacer expiación cuando se violaba el voto del nazareato (Num. 6:12).

- Se hacía expiación con las ofrendas de paz, las cuales nada tenían que ver con el pecado (Num. 6:14).

- Incluso, se podía hacer expiación con agua para purificación de los sacerdotes (Num. 8:7).

- Se hacía expiación cuando se encontraba a alguien muerto en el campo o en el camino y no se sabía cómo había muerto (Deut. 21:1).

- Se hacía expiación para purificar y santificar el altar (Exo. 29:36).

- Entiéndase "*expiación*" como purificación ritual.

Esto debería llevarte a la conclusión de que el concepto de expiación tiene un carácter estrictamente ritual. En el caso de Levíticos 16, hay varios elementos que impiden ver el chivo para Jehová como una expiación por los pecados:

1. Ningún pecado es confesado sobre el chivo por Jehová.

2. Aunque la sangre es manipulada dentro del santuario, la carne de este chivo no era consumida por el sacerdote (evento éste que tenía que ocurrir cuando se hacía una expiación para el perdón de los pecados y la remocion de la culpa; no así para la purificación ritual).

3. Por tal razón, el chivo para Jehová, cumple las especificaciones rituales de la ley como ofrenda por el pecado, aunque ningún pecado era puesto sobre él.

4. En este sentido, el chivo para Jehová representa a Jesús que cumple todos los ritos ceremoniales prescritos en la ley, mientras que al mismo tiempo derrama la sangre por el pecado de todos, cumpliendo la demanda de la ley.

5. Sin embargo, este ritual que purifica y limpia, no elimina el pecado, pues el pecado debía ser llevado a algún sitio, y es allí donde entra el chivo por Azazel. El chivo que llevaba los pecados fuera de la presencia de Dios y lejos del pueblo a la GEZERAH (más allá de la muerte).

¿De qué manera fuí hecho maldición?

Es decir, ¿cómo llegué a ser el pecado personificado en la cruz? Les invito a hacer un ejercicio intelectual en relación a la gramática. Miremos este texto: *"He aquí el Cordero de Dios que quita el pecado del mundo"* (Juan 1:29).

1. Si ustedes observan esta oración es muy interesante, primero usa la frase: *"He aquí"*, frase exclamativa indicando que debían poner atención.

2. Luego, aparece un artículo definido *"el"*, seguido por un sustantivo *"cordero"* y con su predicado, que es *"de Dios"*.

3. La palabra *"que"* es en referencia al sujeto *"Dios"*, afectando al verbo copulativo o principal *"quita"* de una forma modal.

4. Luego está otro artículo definido *"el"*, seguido por otro sustantivo *"pecado"*.

5. De inmediato encontramos el predicado *"del mundo"*.

6. Observen ahora: el cordero de Dios vs el pecado del mundo.

7. Ahora tenemos que interpretar, *"cordero"* = Jesús.

8. Entonces hay que interpretar *"pecado"* (en singular –no dice pecados) = Satanás.

9. En otras palabras, el texto sugiere lo siguiente: 'He aquí a JESUS de Dios quien quita [a] SATANAS del mundo'.

Análisis

Con esto en mente, pienso que sería más fácil mirar ahora algunos textos enigmáticos dichos por mí y algunos de los apóstoles:

1. *"Ahora es el juicio de este mundo; ahora el príncipe de este mundo será echado fuera"* (Juan 12:31).
   - Observen el adverbio de tiempo AHORA utilizado dos veces en esta oración. El único evento significativo que indicaba ese AHORA, fue mi muerte en la cruz.

2. *"…y de juicio, por cuanto el príncipe de este mundo ha sido ya juzgado"* (Juan 16:11).
   - Noten ustedes que este *"ha sido ya juzgado"* es una acción que ocurrió en el pasado, pero tiene consecuencias en el presente.
   - En el momento en que Satanás fue echado del cielo (Luc. 10:18), allí ocurrió su juicio, por eso fe arrojado del cielo. Sin embargo, la sentencia condenatoria ocurre en la cruz.

3. *"Porque lo que era imposible para la ley, por cuanto era débil por la carne, Dios, enviando a su Hijo en semejanza de carne de pecado y a causa del pecado, **condenó al pecado** en la carne"* (Rom. 8:3).
   - *"y despojando a los principados y a las potestades, los exhibió públicamente, triunfando sobre ellos en la cruz"* (Col. 2:15).

4. Mi muerte en la cruz es el punto importante en el juicio a Satanás. Ahora bien, ya que la sentencia está emitida, la corte solamente espera lo siguiente: *"Luego el fin, cuando entregue el reino al Dios y Padre, cuando haya suprimido todo dominio, toda autoridad y potencia. Porque preciso es que él reine hasta que haya puesto a todos sus enemigo debajo de sus pies. Y el postrer enemigo que será destruido es la muerte"* (1 Cor. 15:24-26).

En este mismo momento, yo sencillamente estoy esperando a que algunas cosas ocurran para:

- Entregar el reino a Dios.
- Suprimir todo dominio, autoridad y potencia.
- Poner a todos los enemigos debajo de sus pies (una referencia al Sal. 91:13 que dice: *"Sobre el león y el áspid pisarás; Hollarás al cachorro del león y al dragón"*.
- Destruir a la muerte.

Observen lo que el hermano Pablo dice para que yo pudiera lograr estos cuatro objetivos:

"Porque él es nuestra paz, que de ambos pueblos hizo uno, derribando la pared intermedia de separación, aboliendo en su carne las enemistades, la ley de los mandamientos expresados en ordenanzas, para crear en sí mismo de los dos un solo y nuevo hombre, haciendo la paz, y mediante la cruz reconciliar con Dios a ambos en un solo cuerpo, matando en ella las enemistades" (Efe. 2:14).

1. Derribar la pared de separación.
2. Abolir en mi carne las enemistades (plural).
3. Crear en mí mismo un sólo y nuevo hombre.
4. Hacer la paz.

5. Reconciliar con Dios a ambos pueblos.

6. Matar las enemistades.

Mi Padre y yo tomamos medidas extremas, veamos:

"Y todo esto proviene de Dios, quien nos reconcilió consigo mismo por Cristo, y nos dio el ministerio de la reconciliación; que Dios estaba en Cristo reconciliando consigo al mundo, no tomándoles en cuenta a los hombres sus pecados, y nos encargó a nosotros la palabra de la reconciliación. Así que, somos embajadores en nombre de Cristo, como si Dios rogase por medio de nosotros; os rogamos en nombre de Cristo: Reconciliaos con Dios. Al que no conoció pecado, por nosotros lo hizo pecado, para que nosotros fuésemos hechos justicia de Dios en él" (2 Cor. 5:18-21).

1. Mi Padre y yo proveímos la reconciliación y todo lo que viene con ella.

2. Mi Padre es quien nos ha encomendado el ministerio de la reconciliación.

3. Mi Padre era quien estaba reconciliándolos a ustedes a través de mí.

4. Mi Padre no les tomó en cuenta sus pecados.

5. Mi Padre es quien nos ha encargado la palabra de la reconciliación.

6. Mi Padre me hizo pecado para que tú fueses hecho *"justicia"* de él en mí.

Hecho pecado

Al analizar detenidamente v.21: *"Al que no conoció pecado, por nosotros lo hizo pecado, para que nosotros fuésemos hechos justicia de Dios en él"*, te darás cuenta de lo siguiente:

- Nunca conocí el pecado en su forma experiencial, aunque sí experimenté los resultados del pecado, incluyendo la muerte.
- La palabra *"pecado"* [HAMARTIAN] aquí es singular, al igual que Juan 1:29.
- Eso significa que fuí *"hecho pecado"* [Satanás -es decir, un adversario de Dios en ese preciso instante] en la cruz.

En mi caso, mi Padre no puede estar unido a quien lleva pecados sobre sí. Esta es la razón por la cual tuve que morir. Y es precisamente ésta la razón por la que tuve que ser separado de mi Padre.

Si yo mismo en algún momento hubiese pecado, nunca habría salido de la tumba. Pero mi función en la cruz era bipolar: a) Cumplir con el rito o símbolo descrito en la parábola para *"purificar"* los pecados ritualmente; b) Alejar los pecados de la presencia de mi Padre, perdonándolos moralmente.

Preguntas para meditar

1. ¿Cuántos machos cabríos eran usados en el ritual del Yom Kippur?

2. ¿Qué le pasaba al chivo por Jehová? (Lev. 16:9).

3. ¿Qué ocurría con el chivo por Azazel?

4. ¿Cuántos pecados eran puestos sobre el chivo por Jehová?

5. ¿Cuántos pecados eran puestos sobre el chivo por Azazel?

6. Mencione 3 tipos de expiación que no requería sangre.

7. ¿Qué significa el adverbio "*ahora*" en Juan 12:31 de acuerdo con la lección?

8. En este momento, ¿qué espera Jesús? (1 Cor. 15:24-26).

9. ¿Qué dos cosas logró Jesús cuando murió en la cruz?

¿Quién Paga Por los Pecados?

Hay muchos hoy que no tienen un conocimiento claro y conciso de lo que ocurrió aquél fatídico día hace poco más de dos mil años. El día que fuí separado de mi Padre llevé la totalidad de los pecados del mundo sobre mí. Ese día inolvidable ha sido manchado con conclusiones distorsionadas y meladaganarias de bien intencionados discípulos.

De modo que hoy, estaremos viendo más detalles del rol de Azazel y quién era él. Pero no lo haremos sin antes verificar qué exactamente dicen algunos eruditos. Citaré las palabras de un erudito para que queden claramente reflejadas en los libros.

> "...Satanás y diablo son términos que significan acusador, y el Apoc lo llama acusador de los hermanos. Esta acusación es la de que los pecados de los hermanos no han sido perdonados por falta de fe en Cristo. Esa acusación es falsa: el juicio individual se pronuncia en favor de cada creyente (Dan 7:22) por cuanto han confiado en la sangre de Cristo (Apoc 12:10-11). Demostrada la falsedad de la acusación, la pena de esos pecados recae sobre el calumniador (Deut 19:16-18), pero no porque el calumniador sustituya a esos pecadores. Cristo ya pagó por esos pecados de los hermanos en la cruz. La pena recae sobre Satanás por su propio pecado de calumnia.
>
> La instigación al pecado no tiene nada que ver... [Y] en nada disminuye la responsabilidad del pecador. Si la instigación tuviera algo que ver entonces todos los pecados aparecerían sobre Satanás mientras que son solo los pecados de los hermanos, no los de los impíos, que son castigados en Azazel. Pero Azazel no sustituye a nadie: es solo el propio pecado de calumnia que es castigado. Como son penas equivalentes, el ritual pone los pecados

confesados (no los inconfesos de los impíos) sobre Azazel. Espero que esto nos permita seguir el interesante diálogo".[1]

Análisis

Observen las dificultades con esa declaración. Les mostraré por partes la falacia de dicha argumentación: Miren esta declaración con detenimiento: *"Demostrada la falsedad de la acusación, la pena de esos pecados recae sobre el calumniador* (Deut 19:16-18)".

1. Cuando alguien habla de la *"pena"*, quiere decir del pago final como castigo (poenae), y no de la culpa moral (culpae). Pero en caso que se refiera a los dos, lo que digo a continuación se aplica.

2. La dificultad de esta declaración estriba en la cruda realidad que aunque muchos eruditos reconocen que ya pagué el castigo o la penalidad que mi Padre exigía por el pecado de la humanidad, todavía le atribuyen a Satanás un rol de co-redentor conmigo. Algunos eruditos no se percatan de las implicaciones de ese doble pago o castigo.

   - Lo que debemos tener en cuenta fue lo que dije antes: ya pagué por los pecados de todo el mundo (Col. 2:13).
   - El texto bíblico es extremadamente explícito en relación al castigo (mea poenae), pues dice: *"El castigo de nuestra paz fue sobre él…"* (Isa. 53:5).

3. Note también que la palabra "castigo" (MUSAR) significa eso: *"castigo"*.

---

1 Palabras del erudito Argentino Aecio Cairus en un diálogo/debate sostenido entre este erudito y el autor del libro en el 2018.

- El castigo impuesto sobre mí, me costó la vida, sufriendo la muerte segunda (la muerte que causa separación de Dios).
- Cuando mi Padre cargó todos los pecados del mundo sobre mí, fuí separado de Dios y castigado con la muerte. Dios es un juez justo, y parece muy inusual que Dios exija el doble castigo por algo que ya pagué en la cruz.

4. Por otro lado, algunos citan a Deut. 19:16-18 para validar sus ideas, el cual lee: *"Cuando se levantare testigo falso contra alguno, para testificar contra él, entonces los dos litigantes se presentarán delante de Jehová, y delante de los sacerdotes y de los jueces que hubiere en aquellos días. Y los jueces inquirirán bien; y si aquel testigo resultare falso, y hubiere acusado falsamente a su hermano, entonces haréis a él como él pensó hacer a su hermano; y quitarás el mal de en medio de ti"*.

   - Sin embargo, observen que en este texto, el castigo dado al falso acusador es dado SOLO UNA VEZ. En el caso que nos atañe, yo, como Salvador y único Redentor del mundo, ya sufrí ese castigo. Se hace innecesario que otra persona lo sufra de nuevo.
   - El único castigo que será infligido a Satanás es por su propia calumnia. Pero decir que él sufre el castigo de los pecados confesados de los santos es altamente problemático, dada la realidad de la dimensión del castigo impuesto sobre mi persona en la cruz.

5. Por último, si el castigo de los pecados CONFESADOS de los santos (el cual ya sufrí), es puesto sobre Satanás, eso implica varias cosas:

- Implica que el sacrificio que realicé, ofrendando mi vida por toda la humanidad no fue suficiente para borrar y eliminar esos pecados.

- También significa que yo, en este mismo momento, estoy cargando los pecados confesados sobre mí mismo contaminando el santuario celestial, hasta que sean puestos sobre Satanás. Y dicha idea no solamente es distorsionada sino extremadamente problemática, pues entonces yo estaría purificando un santuario que yo mismo contaminé y ahora necesitaría del diablo para deshacerme de esos pecados.

- Dicha conclusión abre las compuertas a la posibilidad de que yo creé al diablo para lidiar con mis equívocos.

- Ya que mi sacrificio en la cruz no fue suficiente, alguien más debe pagar la pena/castigo (mea poenae) final de esas transgresiones confesadas, en este caso Satanás.

- Éstas ideas contradicen claramente el texto bíblico en relación a qué realmente hace Dios con los pecados: *"Yo, yo soy el que **borro** tus rebeliones por amor de mí mismo, y no me acordaré de tus pecados"* (Isa. 43:25) y dice más: *"Yo **deshice** como una nube tus rebeliones, y como niebla tus pecados; vuélvete a mí, porque yo te redimí"* (Isa. 44:22).

- *"Y los **limpiaré** de toda su maldad con que pecaron contra mí; y perdonaré todos sus pecados con que contra mí pecaron, y con que contra mí se rebelaron"* (Jer. 33:8).

- *"En aquellos días y en aquel tiempo, dice Jehová, **la maldad** de Israel será buscada, y **no aparecerá**; y **los pecados** de Judá,* y ***no se hallarán***; *porque perdonaré a los que yo hubiere dejado*" (Jer. 50:20).

6. Por último, de manera metafórica, los pecados son enviados a lo profundo del mar: "*El volverá a tener misericordia de nosotros; sepultará nuestras iniquidades, y echará en lo profundo del mar todos nuestros pecados*" (Miq. 7:19).

   ○ Lo interesante de este texto, es que en la tierra nueva se nos dice que no habrá mar (Apoc. 21:1). De esta manera, les estoy indicando que los pecados no serán puestos sobre ninguna otra persona, pues ya fueron puestos sobre mí, UNA VEZ, y ya no sigo cargando con ellos.

Conclusión

En resumen, Satanás no tiene parte en la reconciliación de Dios con el hombre. Satanás ha de pagar él por sus pecados. Ya pagué todos los pecados de la humanidad en la cruz con mi sangre.

Preguntas para meditar

1. ¿Exige Dios doble castigo por el pecado?

2. De acuerdo con la lección, ¿cuántas veces era castigado el *"falso acusador"*?

3. Mencione tres razones del porqué los pecados de otros no son colocados sobre Satanás (lea a Eze. 18 antes de contestar).

4. ¿Quién realmente *"deshace nuestras rebeliones"*? (Isa. 44:22).

5. ¿Porqué, en su opinión, Satanás no tiene parte en el proceso de la reconciliación?

Lidiando Con Las Objeciones Sobre Azazel

En el capítulo anterior compartí con ustedes la realidad de que Satanás no fue ni es ni será parte del proceso de la reconciliación entre Dios y el hombre. El texto de 2 Cor. 5:18 habla claramente que *"Todo esto proviene de Dios..."*

Uno de los pasajes más usados para justificar la participación de Satanás en el proceso de reconciliación entre el hombre y Dios, es Levíticos 16 y todo el ritual que incluye a dos chivos: uno por Jehová y el otro por Azazel.

En este capítulo veremos mis respuestas a los argumentos más comunes esgrimidos por algunos que sin darse cuenta colocan al enemigo de las almas a mi nivel como co-redentor de sus pecados.

Argumento #1, El macho cabrío para Azazel no derramaba la sangre; por lo tanto, no puede representar a Jesús quien derramó su sangre.

1. Ese es un argumento muy interesante, pero incorrectamente asume que la expiación sólo se conseguía con el derramamiento de la sangre. Lo que se olvidan muchos es que el macho cabrío en Levíticos 16 que era para Jehová, NO se confesaban pecados de ninguna clase sobre él, aunque era el macho cabrío que moría (Lev. 16:9).

2. Aprendimos también, en el capítulo anterior, que la expiación o reconciliación podía ser alcanzada sin el derramamiento de la

sangre.

3. También vímos que la función del chivo por Jehová era de carácter ritual.

Argumento #2, el macho cabrío para Azazel era llevado al desierto para que muriese desterrado, después de haber confesado los pecados sobre él; esto sólo se aplica a Satanás.

1. Solamente yo, y nadie más que yo, llevé los pecados del mundo sobre mí. El Padre *"cargó"* los pecados de todos sobre mí (Isa. 53:6). El Padre no pudo haber puesto pecados confesados y ajenos sobre el enemigo, pues el diablo no tiene nada que ver con el proceso de expiación (limpieza, purificación) de los pecados del universo.

Argumento #3, Satanás fue *"la causa original"* de todo pecado, *"la justicia exige que Dios coloque de nuevo en la cabeza del diablo su culpa por instigarnos a pecar"*.

1. El problema mayor con esta premisa es que el Sumo Sacerdote debía colocar ambas manos sobre el chivo para Azazel y *"confesar los pecados de los hijos de Israel y todas sus transgresiones e iniquidades"* (Lev. 16:21). Imaginen a Dios poniendo las manos sobre el demonio y confesando los pecados de la humanidad para ponerlos sobre él, eso no tiene sentido.

2. Entonces, si todos los pecados confesados son puestos sobre Satanás (el chivo para Azazel) al final de la era, entonces él se convierte en co-redentor conmigo, pues él estaría haciendo expiación final por los pecados de una forma u otra, sea pagando la penalidad o sufriendo por ella.

Argumento #4, Azazel significa *"quien se opone a Dios"*.

1. En ninguna parte de la Biblia, Satanás tiene el nombre de Dios yuxtapuesto. *"EL"* significa Dios.

2. De hecho, aquéllos que tenían el nombre de Dios en sus nombres y no vivían de acuerdo al plan de Dios, él mismo les cambiaba el nombre como lo fue el caso de Jeconías (1 Cron. 3:16), cuyo nombre terminó siendo cambiado a Conías (Jer. 22:24).

3. En un ritual tan importante, Dios no permitiría poner los pecados y rebeliones confesadas de su pueblo sobre un chivo cuya característica principal era representar al enemigo de Dios.

Argumento #5, Azazel es un lugar y no una referencia al chivo.

1. Esta posición sugiere que hay un monte alrededor del Sinaí que lleva el nombre *"Azael"*. Pero dicha aserción no es válida por varias razones:
   - El nombre de Dios está yuxtapuesto en el nombre Azazel.
   - Azael y Azazel son dos vocablos distintos aunque parecieran tener la misma raíz. Definitivamente no se refiere a la misma entidad.
   - Contrastar a un monte con Dios en un ritual tan importante no parece muy probable. Si el texto leyera: 'un chivo para el cielo y otro chivo para Azazel (un lugar desierto)', entonces dicho argumento podría tener cierta validez.

Argumento #6, Azazel era llevado al desierto, fuera del campamento. El único que muere fuera de la ciudad (campamento de los santos) es el diablo. Por lo tanto, Azazel representa al diablo.

1. A veces la gente olvida que uno de los principios de interpretación
    es que en el cumplimiento del tipo en la realidad, la realidad
    misma no necesariamente va a corresponder exactamente con la
    tipología. Ya hablamos de eso en el primer capítulo. Ejemplo: La
    expiación en Levíticos 16 se hacía con un becerro y dos machos
    cabríos (chivos). Sin embargo, Jesús mismo NUNCA es llamado
    "chivo" en el Nuevo Testamento, sino Cordero. Esto rompe el
    esquema del tipo en la realidad. La realidad NO TIENE
    NECESARIAMENTE QUE CORRESPONDER con el tipo.

2. Por otro lado, la Biblia habla de que Satanás y sus ángeles *"fueron
    arrojados a la tierra"* (Apoc. 12:9). También dice que dichos
    ángeles fueron *"arrojados al infierno"* a *"prisiones de oscuridad"*
    (2 Ped. 2:4). Yo mismo dije también que ví a Satanás *"caer del
    cielo como un rayo"* (Luc. 10:18). También dice el texto bíblico
    que Satanás fue *"arrojado al abismo para que no engañase más a
    las naciones"* (Apoc. 20:3).

3. En Salmos 106:9 se compara *"abismo"* con desierto. Dios
    preguntaba porqué Israel lo consideraba a él un *"desierto"* (Jer.
    2:31). Zacarías 7:14 nos dice que el pueblo con su pecado,
    convirtieron *"la tierra deseable en desierto"*. Y que los ángeles no
    "guardaron su propia morada", sino que Dios los confinó a
    "oscuridad". Hasta aquí vemos que hay algún tipo de relación
    entre el desierto, la tierra y el abismo como morada de los ángeles,
    lo cual no es otra cosa más que la tierra misma.

4. En Lev. 16:22 encontramos que al macho cabrío se le llevaba a *"tierra inhabitada"* y se le dejaba ir *"por el desierto"*. Esta tierra *"INHABITADA"* es símbolo de la SEPARACION DE DIOS…
Veamos:
   o La palabra *"inhabitada"* (Lev. 16:22) del hebreo GEZERAH, significa *"separado"* (aparece solamente aquí en toda la Biblia -prolegomena); dicho vocablo viene de la raíz GAZAR que significa CORTADO. Si hubiese querido decir *"desierto"* hubiera usado la palabra *YASHAB*.
   o Cuando la Biblia habla de un desierto, debió haber usado la palabra YASHAB, la cual aparece 31 veces en la Biblia en relación a un desierto.
   o Cuando morí en la cruz, no solo fuí CORTADO de la tierra de los vivientes (Dan. 9:26), sino que también fuí SEPARADO de mi Padre y de su divinidad (Mat. 27:46).
4. El desierto es símbolo de la MUERTE. Veamos:
   o Los enemigos de Dios lamen el polvo del desierto (una referencia a la muerte –Salm. 72:9).
   o El pueblo de Israel fue abatido en el desierto, haciendo referencia a que murieron allí (Sal. 106:26).
   o La muerte sigue a todo lo que se convierte en desierto (Isa. 50:2).
   o El desierto era comparado con una tierra de *"sombra de muerte"* (Jer. 2:6).
   o Los pecadores que no se arrepienten, terminarán muertos en el desierto (Jer. 17:6).

- ○ La pérdida de la vida es comparada con convertirse en desierto (Jer. 33:10, 12; 46:19; 48:6).

- ○ La exterminación del pueblo en el desierto fue una realidad (Eze. 20:13).

Conclusión

1. Hay un sinnúmero de textos que indican claramente que el desierto puede ser considerado como símbolo de perder la vida. De hecho, las 22 referencias de la palabra "*desierto*" sólo en el libro de Ezequiel tienen que ver con muerte. Entonces, el macho cabrío que era llevado al desierto, era un simbolismo de que dicha cabra perdería la vida DESPUES de que los pecados eran confesados sobre la misma.

2. Una cosa es derramar la sangre y otra es perder la vida. Jesús, cuando derramó su sangre, también perdió la vida. El acto de ofrendar la sangre tipificaba al primer chivo con el cual se hacía la EXPIACION RITUAL.

3. Sin embargo, la RECONCILIACION MORAL se hizo con el acto de venir a morir en el desierto llamado tierra. Pues el desierto es símbolo de no tener vida. Yo soy la vida. No puede haber vida sin mí. En este planeta no había vida propiamente dicho, hasta que yo salí de la tumba venciendo la muerte.

4. En otras palabras, abandoné el santuario celestial y vine al desierto (la tierra) específicamente para LLEVAR (NASA') todas las iniquidades, rebeliones y pecados en mi carne (Isa. 53:4, 12; Lev. 16:21-22).

5. Yo sólo llevé los pecados (1 Ped. 2:24) y nadie más estuvo conmigo, y mucho menos el diablo.

6. A causa de mi victoria en la cruz, pude resucitar de entre los muertos, y muy pronto, las palabras del profeta Jeremías habrán de cumplirse:

   - *"Ciertamente consolará Jehová a Sion; consolará todas sus soledades, y cambiará su desierto en paraíso, y su soledad en huerto de Jehová; se hallará en ella alegría y gozo, alabanza y voces de canto"* (Isa. 51:3). Y dice aún más: *"Vuelve el desierto en estanques de aguas, Y la tierra seca en manantiales"* (Salm. 107:35).

Éstas son promesas que voy a cumplir muy pronto, pues significan que he de devolver la vida a todo lo que está muerto.

Preguntas para meditar

1. ¿Cuál era la función del chivo por Jehová?

2. ¿Sobre quién fueron cargados los pecados del mundo, sobre Satanás o sobre Cristo? (Isa. 53:6).

3. ¿Confesará Dios los pecados sobre Satanás?

4. Cuál es la diferencia entre "*Azael*" y "*Azazel*"?

5. Cuando Lev. 16 habla de tierra "*inhabitada*", ¿qué significa?

6. ¿Qué simboliza el desierto?

Azazel: Dualismo Antitético O Complementario?

La idea de que Azazel es una representación del demonio y que el mismo era y es parte del proceso de reconciliación es muy perturbadora. Muchos perciben en Levíticos 16 un dualismo antitético. Según ellos, los chivos representaban fuerzas opuestas. Así lo ven los defensores de que Azazel representa al diablo. Pero en realidad, los chivos tenían su función y éstas se complementaban en lugar de oponerse una a la otra.

Análisis

1. La gran mayoría de los pares que existen en el pasaje de Levíticos 16, contextualmente hablando, son complementarios y no antitéticos. Es decir, proporcionan una pincelada complementaria del mismo aspecto del rito.

2. Es inverosímil que otra deidad (Satanás) sea parte del proceso de purificación y remoción de los pecados. Dios mismo prohibió tajantemente hacer sacrificios a los demonios en el siguiente capítulo:

   - *"Y nunca más sacrificarán sus sacrificios a los demonios, tras de los cuales han fornicado; tendrán esto por estatuto perpetuo por sus edades"* (Lev. 17:7).

   - Este pasaje indica, en su contexto, que los sacrificios fuera del santuario estaban totalmente prohibidos y que era el plan de Dios que le sacrificaran solamente a él (vv.1-6).

3. El macho cabrío por Azazel estaba al mismo nivel del macho cabrío por Jehová. ¿Por qué?

   - Inconfundiblemente se le ve (al macho cabrío por Azazel) LLEVANDO los pecados fuera del campamento para lograr la RECONCILIACION de las *"iniquidades, transgresiones y pecados del pueblo"* (v.21).

   - Ambos chivos para poder ser *"presentados"* ante Dios en el santuario (Lev. 16:7), debían ser ceremonialmente *"limpios"* y *"sin defecto"* (Lev. 1:10; 4:28); esto sólo elimina la posibilidad de que dicho chivo represente al diablo.

   - Gramaticalmente hablando el énfasis no es en las cabras, sino en las SUERTES. Por esta razón, el texto puede ser traducido: *"una suerte para el Señor y otra suerte para Azazel"*.

   - A medida que el chivo pasaba enfrente de ellos, CARGANDO los pecados del pueblo, eso era símbolo visible de que sus pecados se alejaban de ellos.

4. Un solo chivo NO podía representar la obra completa que realicé en la cruz, pues uno sólo (el chivo para Jehová), solamente purificaba el santuario y el pueblo de sus impurezas o inmundicias rituales.

5. Es cuando AMBOS chivos se combinan que se puede ver mi obra claramente y mi victoria completa sobre el pecado.

6. No entiendo cuál es la fascinación de algunos eruditos hoy en día de equiparar Azazel con el demonio. Ellos describen la acción *"devolviendo"* los pecados al autor del pecado.

- El problema mayor con esta posición es que el texto claramente indica que el segundo chivo (Azazel) es parte de UNA SOLA OFRENDA por el pecado a mi Padre. El chivo era un solo sacrificio PARA EL SEÑOR, no a ninguna otra deidad y menos a un demonio.

7. Se argumenta también que Azazel no podía simbolizar a un sacrificio porque los pecados eran ceremonialmente colocados sobre este chivo, convirtiéndolo en pecaminoso e inmundo. Por esta razón, debía ser sacado del campamento. Y que la expiación ya había sido hecha cuando fue presentado ante el Señor (v.10).

   - Este argumento es muy, pero muy problemático, porque Azazel fue presentado oficialmente ante el Señor para sacrificio (v.10). Sin embargo, los pecados, las rebeliones y las transgresiones no le fueron colocadas sobre él sino hasta el v.21.

   - El texto muestra que el chivo Azazel debe ser parte del sacrificio al Señor y no una ofrenda para el demonio porque los dos chivos mencionados en el pasaje componen un sacrificio compuesto u ofrenda por el pecado. Si Azazel representaba a Satanás, entonces esto pasaría a ser un sacrificio al demonio.

8. Gramaticalmente hablando, el echar suertes NO es para determinar a quién se le asignará la cabra (Jehová o Azazel). Al contrario, la suerte era echada para determinar cuál era la función del chivo (morir para expiación o llevar el pecado fuera del campamento).

   - La ofrenda por el pecado siempre era PARA el Señor y nunca para el demonio, Satanás.

- La selección de los usos de los chivos representan dos aspectos distintivos de la remoción del pecado: la muerte y la separación, respectivamente (consistente con el concepto dualista complementario y no antitético). Y consistente además con lo ocurrido en la cruz: MUERTE, Y SEPARACION de Dios.

9. La idea de que Dios usa un demonio para *"maldición"* (para cargar los pecados sobre él) es totalmente ajena a la Biblia. Maldecir a Satanás cargándole con los pecados de la gente casi sugiere una visión de salvación a través de Satanás que no se encuentra en las Escrituras.

   - De hecho, incluso el Arcángel Miguel no lo hace {maldice} mientras discute con Satanás; él dijo, *"El Señor te reprenda"* (Judas 1:9). Este pasaje en Judas parece prohibir lo mismo que estos eruditos modernos quieren que el texto de Levíticos 16 diga. No olviden que maldecir al demonio no es solamente ajeno a las Escrituras, sino que también es contrario al carácter de Dios.

   - Mi Padre no necesita hacer que los demás parezcan inferiores para aumentar su grandeza; el Antiguo Testamento está lleno de declaraciones de que no hay nadie que se compare con él.

Un Azazel pactual y no transacional

No es irrazonable pensar que si la suerte del chivo es POR Jehová (una persona), la suerte del otro chivo es por Azazel (otra persona). Entonces,

¿qué pasaría si en lugar del demonio pudiésemos ver a Azazel como otra entidad sobrenatural asociada con Dios?

En otras palabras, ¿Es posible que Azazel represente a la divinidad que voluntariamente se ofrece para "*llevar*" los pecados de todo el pueblo? ¿Parece desfasada la idea? No salten muy prontamente a conclusiones, veamos si esta idea pudiera tener validez.

1. Cuando se echan las suertes, una cae sobre uno de los chivos y dicho chivo ahora pertenece a Jehová.
   - Este chivo era sacrificado para PURIFICAR el santuario ritualmente.

2. Este acto convierte dicho sacrificio en algo pactual y no necesariamente en una transacción moral.

3. Ahora bien, el chivo sobre el cual caía la suerte POR Azazel, significa que dicha cabra PERTENECE a Azazel en cuestión, en la misma manera que el primer chivo que fue muerto pertenecía a Jehová.
   - Entonces el sumo sacerdote ahora CONFIESA los pecados sobre este chivo (para Azazel), de modo tal que los pecados están, si se quiere, sobre Azazel.
   - Entonces enviar el chivo para Azazel al desierto, representa la eliminación del pecado del pueblo a través de éste agente (Azazel), el aliado y socio de Dios quien ahora intercede y LLEVA el pecado de la nación.
   - De esta manera, Azazel NO es una fuerza malévola, sino que es otro nombre para representarme a mí.

Azazel como el removedor de pecados

La gramática usada en el texto que pareciera decir que Azazel se opone a Dios (dualismo antitético), es imposible porque la estructura gramatical sugiere exactamente lo contrario.

1. Solamente Dios puede verdaderamente estar en paralelo con Dios mismo.

2. La forma de la palabra Azazel apunta más bien a un agente, más que a un abstracto.

3. Por lo tanto, su agente, el Removedor de los pecados, soy yo, el Hijo de Dios.

Conclusión

- El dualismo complementario lo vemos desde el mismo Génesis 1. La parte clara y la parte oscura = día. El cielo y la tierra = planeta. Adán y Eva = humanidad.

- En este punto, vemos a Eva también como la *"ayuda idónea"* ('EZER KEGNEDO). Alguien con el mismo rango, la misma autoridad y el mismo nivel de Adán. De hecho, Dios los bendijo a los dos, y a los dos les dio la co-regencia de la tierra: *"fructificad la tierra y sojuzgadla"*. En ninguna parte vemos a la pareja funcionando antitéticamente opuesta. Más bien, se complementan el uno con el otro.

- El dualismo complementario de la reconciliación encaja perfectamente con el texto bíblico que dice: *"DIOS estaba EN CRISTO reconciliando consigo mismo al mundo"* (1 Cor. 5:20).

- Es decir, vemos dos personas (al igual que los dos chivos), los dos hombres oficiando en el Yom Kippur –sumo sacerdote y el emisario), efectuando el evento cósmico de la reconciliación.

- El diablo no aparece en ninguna parte en el ritual de Levíticos 16, tampoco aparece efectuando la reconciliación y perdón de los pecados en la cruz.

- No hay evidencias en el texto de Lev. 16 que sugiera un efecto escatológico al final de la era. El Yom Kippur cósmico ocurrió en la cruz del calvario cuando los pecados fueron puestos sobre el cuerpo de Jesús.

Preguntas para meditar

1. Mencione tres razones por qué los dos chivos debían ser
    ritualmente idénticos al momento de ser presentados a Dios.

2. ¿Por qué sólo uno de los chivos no podía representar la obra
    realizada por Cristo en la cruz?

3. Si Azazel era Satanás, ¿qué representaba entonces el ritual de Lev.
    16 de acuerdo a Lev. 17:7?

4. De acuerdo con esta lección, la función de los dos chivos en el
    ritual representaba dos facetas del perdón, ¿cuáles eran?

5. ¿Puede usted encontrar a Satanás en el ritual de Lev. 16?

Pares y Pluralismo en Yom Kippur

En el Yom Kippur encontramos un fenómeno interesantísimo que envuelve todo el proceso de limpieza del pecado. Lo primero que vemos es lo siguiente:

1. El texto comienza hablando de dos hijos:

    a. Nadab y Abiú (v.1).

2. El uso de los animales siempre es en pares:

    a. Un becerro y un carnero (v.3).

    b. Un macho cabrío por Jehová y un macho cabrío por Azazel (v.5).

3. La vestimenta es también en pares:

    a. Túnica y calzoncillos de lino (v.4a).

    b. Cinto y mitra de lino (v.4b).

4. Hay dos proveedores de los animales:

    a. El sumo sacerdote (v.6).

    b. El pueblo (v.5).

5. Hay dos formas o maneras de lidiar con el pecado:

    a. Expiacion (v.5).

    b. Reconciliación (v.6).

6. Se echan DOS suertes (plural), no una:

    a. La suerte por el macho cabrío de Jehová (v.8a).

    b. La suerte por el macho cabrío Azazel (v.8b).

7. Hay dos formas de lidiar con el pecado:

a. Un macho cabrío (Jehová) es muerto para expiación o ritual (v.9).

b. Un macho cabrío (Azazel) es dejado vivo para reconciliación (v.10).

8. Con el incensario ocurren dos fenómenos:

a. Lo toma, pero no lo usa sobre el altar del incienso (v.12).

b. Lo lleva y aparentemente lo pone sobre la Shekinah? (v.13).

9. La sangre del macho cabrío por Jehová y del becerro se esparce en dos lugares:

a. Sobre el propiciatorio (v.15).

b. Delante del propiciatorio (v.15).

10. Hay tres lugares que son purificados:

a. El santuario (v.16a).

b. El tabernáculo de reunión (v.16b).

c. El altar de sacrificio (v.20).

11. La sangre del becerro y del macho cabrío ejerce dos funciones:

a. Limpia al pueblo de su inmundicia (v.19a).

b. Santifica al pueblo en contra de la inmundicia (v.19b).

12. Hay dos eventos que ocurren:

a. Purificación del santuario de las *"impurezas, rebeliones y pecados"* (v.16a).

b. Alejamiento del pueblo de sus *"iniquidades, rebeliones y pecados"* (v.21).

13. Al confesar los pecados se usan las DOS manos (v.21).

14. Hay tres (3) humanos que participan de todo el proceso:

a. El sumo sacerdote (v.2).

b. El emisario que lleva al macho cabrío Azazel (v.21).

c. El que quema la grosura por el pecado fuera del campamento (v.28).

15. Hay dos verbos usados en relación al macho cabrío Azazel:

a. *"Lleva sobre sí las iniquidades"* (v.22a).

b. Se *"deja ir"* al macho cabrío Azazel (v.22b).

16. Hay dos lugares que contrastan en relación con el pecado:

a. El campamento con el santuario (v.27).

b. El lugar desolado (v.22).

17. Incluso, se mencionan dos tipos de lugares desolados:

a. Tierra inhabitada/GEZERAH o lugar de ultratumba (v.22)

b. Desierto/YASSAB o lugar desolado (v.22).

18. Hay dos lugares distintos para vestirse y desvestirse:

a. El sumo sacerdote se vestía la ropa de lino en el santuario (vv.3-4).

b. El sumo sacerdote se quitaba la ropa en el tabernáculo de reunión (v.23).

19. Hay dos holocaustos (ofrenda por el pecado) ofrecidos:

a. Por sí mismo (v.24).

b. Por el pueblo (v.24).

20. Hay dos expiaciones que se completan en el día de Yom Kippur:

a. Por sí mismo (v.24).

b. Por el pueblo (v.24).

21. Hay dos lugares donde se quema la grosura del sacrificio por el pecado:

> a. Sobre el altar de sacrificio en el atrio del santuario (v.25).
>
> b. Fuera del campamento (v.27).

22. Los DOS seres humanos que participan en este rito se lavan sus cuerpos y sus ropas con agua cuando terminan el rito:

> a. El sumo sacerdote (v.24).
>
> b. El emisario que llevó el chivo al desierto (v.26).

23. Al pueblo se le requería hacer dos cosas:

> a. Afligir su alma (v.29a).
>
> b. No trabajar (v.29b).

24. Dos fenómenos en relación con el pecado que le ocurrían al pueblo en ese día:

> a. Sus pecados eran expiados ritualmente (v.30a).
>
> b. Sus pecados eran limpiados (v.30b).

25. El sacerdote elegido para hacer el rito debía tener dos características:

> a. Haber sido *"ungido"* (v.32a).
>
> b. Haber sido *"consagrado"* (v.32b).

26. Al final, cinco (5) cosas terminaban siendo expiadas y tres (3) reconciliadas:

> a. *"Y hará la expiación por EL SANTUARIO santo, y EL TABERNACULO DE REUNION; también hará expiación por EL ALTAR, por LOS SACERDOTES y por todo EL PUEBLO de la congregación"* (v.33).

b. La reconciliación era por sí mismo y su casa (v.6) y la reconciliación por el pueblo (v.11).

Conclusión

Todo intento de ingresar a Satanás en este evento es fallido, pues es obvio que ambos machos cabríos eran imprescindibles para hacer la expiación ritual y la reconciliación moral de TODAS las cosas.

Es muy claro, basados en el texto, que el Yom Kippur funcionaba en pares y de forma pluralista para poder llevar a cabo los dos (2) eventos más importantes en relación con el pecado, los cuales son:

1. PAGAR con la muerte del macho cabrío por Jehová la deuda que el pecado requería para hacer EXPIACION RITUAL(v.9).
2. ALEJAR el pecado del pueblo para que éste dejara de existir y cayera en el olvido para que la RECONCILIACION MORAL pudiese llevarse a cabo (vv.10, 21).

Preguntas para meditar

1. En Lev. 16, ¿quiénes proveían los animales para la ofrenda?

2. ¿En cuáles lugares se esparcía la sangre? (Lev. 16:15).

3. ¿Cuáles dos funciones ejercían la sangre del becerro y del macho cabrío por Jehová? (v.19).

4. ¿Qué dos cosas se le requería al pueblo que hiciera? (v.29).

5. En el Yom Kippur, ¿qué le pasaba a los pecados? (v.30).

6. ¿Cuáles eran los dos eventos trascendentes que se llevaban a cabo con los chivos en el Yom Kippur? (vv. 9, 10, 21).

La Obra Dual
del Mesías

Yo soy el Mesías que fue prometido por mi Padre para salvar a su pueblo de sus pecados. Por lo tanto, yo fui quien "*cargó* [los] *pecados*", y fuí yo quien "*alejó* [los] *pecados*". La Biblia muestra claramente que yo consumé la expiación y la reconciliación por mí mismo.

A pesar de esta declaración tan diáfana, muchos sugieren que la primera cabra representaba la obra expiatoria del Mesías mientras que la segunda cabra representaba a Satanás.

1. Se argumenta que, puesto que Satanás fue "*la causa original*" de todo pecado, "l*a justicia exige que Dios coloque de nuevo en la cabeza del diablo su culpa por instigarnos a pecar*".

    a) Pero observen con cuidado, Aarón debía poner ambas manos sobre el chivo por Azazel y "*confesar los pecados de los hijos de Israel y todas sus transgresiones e iniquidades*" (Lev. 16:21).

    b) Si las transgresiones nuestras son puestas sobre Satanás, entonces él se convierte en co-redentor conmigo, pues él estaría haciendo expiación por los pecados de una forma u otra.

2. La expresión "*llevó él nuestras enfermedades*" en Isaias 53:4 y la expresión "*habiendo él llevado el pecado de muchos*" (Isa. 53:12), ambas usan el verbo LLEVAR. Este verbo viene del Hebreo NASA'. Muy interesantemente, es el mismo verbo encontrado en Lev. 16:22 para hablar del segundo macho cabrío (Azazel), cuando

dice: "*Y aquel macho cabrío LLEVARA* [NASA'] *sobre sí todas las iniquidades de ellos a tierra inhabitada*".

a) El segundo macho cabrío de Lev. 16 NO PUEDE SER SATANAS basados en la evidencia bíblica.

b) Yo sólo lleve los pecados de todo el mundo y los alejé de la presencia de Dios (1 Ped. 2:24).

3. Hebreos 9:12, 14 dice: "*...sino por PROPIA SANGRE, entró una vez para siempre en el Lugar Santísimo, habiendo obtenido eterna redención... ¿cuánto más la sangre de Cristo, el cual mediante el Espíritu eterno se ofreció a sí mismo sin mancha a Dios*".

a) Mi sangre ES SIN MANCHA. Por esta razón pude entrar al santuario celestial con mi propia sangre, lo cual es ejemplificado por el primer macho cabrío (chivo por Jehová) en Lev. 16:9.

4. Por otro lado, Colosenses 1:20 dice: "*y por medio de él [Cristo] reconciliar consigo todas las cosas, así las que están en la tierra como las que están en los cielos, haciendo la paz mediante la sangre de su cruz*".

a) Nadie más que yo reconcilió al mundo con Dios con mi sangre derramada en la cruz del Calvario.

b) Hebreos 9:22 declara que sin derramamiento de sangre no hay remisión de pecados. Yo mismo derramé mi sangre por todos ustedes.

c) 1 Juan 1:7 nos señala claramente que mi sangre "*limpia*" de todo pecado.

d) Apocalipsis 1:5 no señala que yo he *"lavado los pecados con mi sangre"*.

e) Efesios 1:7 dice que ustedes ahora tienen derecho a la *"redención por [mi] sangre, el perdón de pecados…"*

f) Colosenses 1:14 nos dice lo mismo: *"En quien tenemos redención por su sangre* [su muerte]*, el perdón de pecados"*.

Nadie más que yo perdonó los pecados; y éstos, debían ser removidos del campamento; y es aquí donde ustedes deberían ser extremadamente cuidadosos.

1. En el tipo o símbolo, no se hacía transferencia de pecados al santuario. Esa asunción no tiene ningún apoyo escritural en ninguna parte, pues expliqué claramente que el santuario NO era un depósito de pecados.

2. En el santuario terrenal tampoco habían registros de pecados.

3. Sin embargo los REGISTROS de los pecados siempre son registrados en el cielo (Isa. 65:6-7; Rev. 20:12).

Por esta razón, he hablado bien claro a través de mis siervos los profetas, de que no compartiré mi gloria con nadie más y mucho menos con el enemigo de todo lo bueno que represento. El demonio nada tuvo, tiene o tendrá que ver con la salvación, el perdón y la reconciliación del creyente. Esa obra está en la sóla potestad de mi Padre, el Espíritu Santo y yo.

Preguntas para meditar

1. ¿En qué se convertiría Satanás si nuestros pecados son puestos sobre él?

2. En Isaías 53 se habla de que el Siervo sufriente (Jesús), "llevó" nuestros pecados. ¿Qué relación tiene éste verbo con el ritual del Yom Kippur en Levíticos 16 y el chivo por Azazel?

3. ¿En qué lugar se llevan los registros de los pecados?

Un Poco Más Sobre Azazel

Hemos llegado al final de este libro. Me gustaría compartir más material sobre el tema, mas quiero creer que a estas alturas, ya deben tener una comprensión más clara de cómo se desarrolló el proceso de reconciliación.

El punto focal

El punto focal en Yom Kippur es la eliminación de los pecados a través de Azazel. ¿Por qué? Porque la expiación (la purificación ritual fue lo único que se logró con la cabra para Jehová). Sin embargo, sin la reconciliación o la expiación moral (lograda con el chivo para Azazel, Lev.16:10), el Yom Kippur estaría incompleto.

Por otro lado, el autor de Hebreos utiliza un impresionante espectrum de imágenes para que mediten sobre el misterio de mi obra de reconciliación en lo que se relaciona con el santuario (Heb. 13:10-12) y, Yom Kippur es prominente al respecto. Sin embargo la "*secuencia de eventos*" no es del todo precisa entre el símbolo y la realidad. Lo que ocurrió en Yom Kippur y lo que ocurrió en la cruz (la realidad) tiene sus variaciones. De hecho, la realidad siempre te sorprenderá, porque ya no es la sombra o el símbolo.

El hecho mismo de que yo morí "*fuera de las puertas*" debe ser el equivalente a la "*ofrenda quemada*" de la cual hablé en el capítulo uno (Lev. 16:27-28). Si lo piensas bien, te darás cuenta que la expiación moral ocurrió ANTES de que yo muriera, pues los pecados de todo el mundo fueron puestos sobre mí, y esto fue lo que causó mi muerte.

Durante el Yom Kippur, el chivo para Jehová era matado al comienzo del ritual, seguido de la manipulación de la sangre, sin que los pecados se pusieran sobre ese chivo. Luego, al final del proceso, el Sumo Sacerdote procedía a la quema de la carne fuera del campamento.

En la realidad, si el chivo para Jehová era lo que me representaba a mí en la cruz, entonces ningún pecado fue puesto sobre mí en la cruz, pues en el símbolo ningún pecado era puesto sobre el chivo para Jehová.

Como dije al principio, la realidad es mayor y más profunda que el símbolo. Por lo tanto, yo, como "*Alfa y Omega*" (Cristo) puedo cumplir el significado teológico de cada paso de Yom Kippur **casi simultáneamente** con lo que sucedió en la cruz.

1. La Biblia dice que Jehová **puso** sobre mí el pecado de toda la humanidad (Isa. 53:12).

2. Para colocar los pecados sobre mí, yo debía estar VIVO en el momento en que ocurre tal evento; de la misma manera que el cordero necesitaba estar vivo en el momento de la confesión.

3. La Biblia también dice que los pecados fueron confesados sobre la cabra para Azazel, mientras estaba viva (Lev. 16:20).

4. De la misma manera, los pecados fueron puestos sobre mí, mientras estaba vivo, colgado en la cruz.

En el griego, literalmente dice: "*Así también Cristo fue ofrecido una sola vez para llevar los pecados de muchos...*" (Heb. 9:28). Ahora hablo a quienes tienden a confundir las funciones de los chivos y dicen que son antitéticos u opuestos, y que Azazel representa a Satanás. Tendrían más sentido si dijeran que la cabra para Jehová que fue sacrificada, realizó la purificación ritual de los pecados. Pero tales pecados aún tenían que ser moralmente purificados o sacados del santuario; Y aquí es donde entra la cabra para Azazel.

Por lo tanto, aunque los chivos apenas se mencionan en el libro de Hebreos, esto implica nuevamente que la realidad descrita en Hebreos 9-10 es siempre diferente y más gloriosa que la sombra o el tipo. Haría muy bien si eliminaras la tendencia a medir la realidad basada en el símbolo. El tipo o la sombra siempre fue una parábola, una representación de algo. La realidad siempre es más grande, excelsa y sublime.

El testimonio de Moisés

Empiezo citando lo que Moisés dice: "*He puesto delante de ti la vida y la muerte, bendición y maldición* [wehaqqelālāh]. *Elige la vida...*" (Deut. 30:19). Dentro del sistema deuteronómico (una persona desobedece y todos sufren), la "*maldición*" siempre se asocia con la muerte, el exilio y la ira divina de alguna manera. Por otro lado, la "*bendición*" está asociada con la vida, la tierra y el favor divino.

La ley requería que el cuerpo condenado por la ley fuera removido antes del anochecer. En otras palabras, yo tomé el lugar de aquéllos alienados de la presencia divina para que quienes estaban exiliados espiritualmente pudieran recibir el Espíritu Santo, que es la bendición máxima, producto de tener una intimidad con Dios. Es muy posible que Pablo tuviera esto en mente con el chivo para Azazel cuando describe mi obra salvífica. Por lo tanto, la noción de alguien que sufre el último exilio para salvar al mundo del abandono que el pecado impone a sus criaturas, sigue siendo real. Y es allí donde se describe fielmente la función del segundo chivo (la cabra de Azazel).

El testimonio de Pedro

Basándose en la descripción de Isaías, "*...habiendo llevado el pecado de muchos*" (Isa. 53:12), el apóstol Pedro enfatiza que fuí yo mismo quien llevó los pecados: es bueno notar que las imágenes aquí son bastante importantes. El pecado se describe efectivamente como un peso (una metáfora), y debido a que yo no tenía pecado (v.22), ahora llevaba este extraño "*objeto*". Además, en esta explicación inspirada por el Espíritu Santo, el pecado también parece ser "*transferible*" de alguna manera.

Yo personalmente llevé tu carga. En otras palabras, Pedro te dice de una manera clara, que yo llevé el peso del pecado en mi propio cuerpo para que tú puedas, una vez más, disfrutar de intimidad con Dios. Al llevar tu iniquidad, tus pecados, tus transgresiones, como el chivo Azazel en el tipo, Te permití vivir en paz si eliges creer en mí.

El testimonio de Juan

Aunque las palabras griegas utilizadas en este pasaje no coinciden estrechamente con los textos exactos de Levíticos en Yom Kippur, el hecho de que el cordero "***lleve*** *el pecado del mundo*" es evidente. Por otro lado, el hecho de que el portador del pecado es un cordero también es notable, y quizás representa otro desafío. John Siker concluye:

> "*La descripción concisa de Juan el Bautista, saca a la luz la imagen de Jesús al usar simultáneamente dos lentes: Pascua y Yom Kippur. Jesús es el cordero de Dios que hace posible un nuevo éxodo desde el exilio de Egipto hasta la tierra escatológica prometida, y Jesús es la cabra de Azazel que quita el pecado del*

mundo y entra en el olvido escatológico" (Siker,"Yom Kippuring Passover", pág. 75).

El testimonio de Pablo

Bernabé Baltasar destacó que la similitud entre las cabras es precisamente su diferencia. Mientras que un chivo es una ofrenda, el otro es "*maldito*". Esta palabra es significativa porque es la palabra exacta que aparece en Gálatas: "*Maldito* [EPIKATARATOS] *es todo aquél que es colgado de un madero*". Al usar esta palabra, Baltasar refuerza la conexión entre el exilio del chivo para Azazel y el concepto deuteronomista de "*la maldición*".

Cuando soporté el maltrato a mano de la turba enfurecida y los soldados que seguían órdenes, mi humillación reflejó la humillación que se le hacía al chivo Azazel. Es este chivo el que fue maldecido al colocar sobre él los pecados, las transgresiones y las iniqiudades confesadas del pueblo.

Conclusión

1. Note que la obediencia del chivo para Azazel es pasiva. En Levítico 16, después de que los pecados son puestos en Azazel, el texto dice: "*un hombre designado lo enviará al desierto...*" (v. 21). Esta cabra ahora está cargada de pecados y llevada a donde no quiere ir (lo que explica la actitud de Jesús de no querer ir al mundo de la muerte y separarse de su Padre). Finalmente, esta cabra es arrojada al abismo del más allá, al olvido (EZER 'GEZERAH) por la acción de otro.

2. En el momento en que tomé la decisión de morir, me despojaron de todo y me volví "*obediente hasta el final*". Estaba dispuesto a "*obedecer al Padre*" hasta el punto de llegar a convertirme en la

personificación del pecado y estar completamente separado de su presencia. Esta es la realidad del exilio que me impuse a mí mismo en la cruz.

3. El autor de Lamentaciones, entendió este concepto cuando escribió sobre mí: "*Me dejó en oscuridad, como los ya muertos de mucho tiempo. Me cercó por todos lados, y no puedo salir; ha hecho más pesadas mis cadenas; Aun cuando clamé y dí voces, cerró los oídos a mi oración; Cercó mis caminos con piedra labrada, torció mis senderos... Torció mis caminos, y me despedazó; me dejó desolado. Entesó su arco, y me puso como blanco para la saeta. Hizo entrar en mis entrañas las saetas de su aljaba. Fui escarnio a todo mi pueblo, burla de ellos todos los días; Me llenó de amarguras, me embriagó de ajenjos*" (3:6-16).

4. Si se quiere, este es el verdadero significado de la palabra "*indefenso*". Es decir, totalmente desprovisto de asistencia divina. Fui exiliado al mundo de la muerte. Estaba colgando entre el cielo y la tierra. Me sentí abandonado por los hombres y por mi Padre.

La culpa de todos los pecados del mundo sobre mí creó un poderoso efecto, que hizo que mi corazón colapsara. En este punto, el dolor fue insoportable; y mi Padre, en su tristeza de verme sufrir completamente indefenso y desnudo a los ojos del universo, envió tinieblas para ocultar mi verguenza.

Permanecí en la cruz por pocas horas, pero la intensidad de tener todos los pecados sobre mí fue muy, pero muy difícil de soportar. Estaba sólo en el "*valle de sombra y de muerte*", apartado de cuanto conocía. Una brecha imposible había sido fabricada por el pecado de la humanidad y no me permitía cruzarla sin pasar por el proceso de la muerte y resurrección.

¿Entiendes ahora por qué Satanás no puede tener parte de esto de ninguna manera? Fue mi Padre, a través de mí, quien reconcilió al mundo consigo mismo (1 Cor. 5:20).

En la explicación más detallada del santuario (que aparece en el libro de Hebreos), no se menciona nada acerca de Satanás relacionado con el santuario, tampoco en la explicación de Moisés en Levíticos. Ignorar algo tan claro es altamente problemático.

Por esta razón, rechazo cualquier intento de equiparar al chivo para Azazel con Satanás. Como se puede ver, las evidencias de los textos bíblicos apuntan a mí, y no al diablo.

Finalmente, recuerden el viejo dicho: "*Dios no hace nada en asociación con Satanás*". Y espero que éste concepto pueda ser resuelto en su mente de una vez y para siempre: Yo solo sufrí por ti. Yo solo morí por ti. Y yo solo lo haría de nuevo si fuera necesario, porque te amo. Eres parte de mí. Yo te creé, te hice y te formé. Por lo tanto, no dudaría en redimirte de nuevo.

Tu Salvador,

Jesús

NOTAS